JN070170

話し足りなかった日

イ・ラン　　　　オ・ヨンア 訳

目次

第五部　私はどうして知らないの

芸術製造業者

トロフィーをオークションにかけた日

二〇一七年二月二十八日。ソウルで開かれた第十四回韓国大衆音楽賞授賞式において、私は『神様ごっこ』で最優秀フォークソング賞を受賞した。この日、セカンドアルバム『神様ごっこ』が最優秀フォークアルバム部門に、同タイトルの曲は最優秀フォークソング部門にノミネートされていた。授賞式の三週間前に出欠を尋ねるメールが届き、受賞するかどうかは事前にはわからなかった。二〇一三年にもファーストアルバム『ヨンスン』のメイン曲「よく知らないくせに」が最優秀モダンロックソング部門にノミネートされたが、当時私は授賞式に出席しなかったし、幸い（？）受賞もできなかった。でも二〇一六年十月にリリースした『神様ごっこ』は自分でも自信があったし、今回は二部門でノミネートされているのだから授賞式に行ってみるかと思った。でもその前に、いつものごとく、最悪のシチュエーションがまず思い浮かんだ。

そもそも賞をもらえないと仮定してみると、授賞式の一日がかなりもったいなく思えてきた。朝起きて顔のむくみをとり、シャワーをして髪を整え、メイクして、見栄えのするきれいな服を着て、ヒールのある靴を履くはずだ。普段からメイクはしないから、この日だけ着飾る必要があるのだろうかとは思いつつも、当日になればそうすることもわかっていた（それは今まで公の場や重要な日に「着飾らずに出てくる女」に対して数々の非難が浴びせられ、自然とそうなったものでもある）。めいっぱいおしゃれして授賞式に向かった私は二、三時間期待に胸を膨らませて座っていることだろう。結局もし受賞できなければ、長時間むなしく拍手だけして帰ってくるだろう。憮然とした顔で外に出て、一緒に出かけたレーベルの代表と公演のプロデューサーに食事をしようと声をかけることもできずに別々にタクシーに乗って帰ってくるのだろうと思ったら、ほんとうに嫌になった。

授賞式の朝、目を覚まして横になったまま、受賞するかどうかもわからない私の受賞スピーチについて考えてみた。十代の頃からフリーのアーティストとしてやってきて、誰かに「名誉と権威」をくれと頼んだ覚えもないのに（もちろんくれるというならありがたくもらうけど）、この日一日をこのイベントのために使わなければならないというのが、やっぱりどうにも引っかかった。携帯の銀行アプリに接続して通帳の残高をチェックした。一月の総収入を計算してみると四二万ウォンだった。二月の収入は九六万ウォン。ミュージシャンとして、映像クリエイター兼監督として、作家や漫画家として、そのうえ先生として、ひと月に二日以上休んだことのないせわしい自分の後頭部を殴られるような数字だった。私はツイッターを開いてこの数字を書き込んだ。

1．一月と二月の収入をチェックしてみた。一月に四二万ウォン稼いで、二月は九六万ウォン稼いだ。でも私は一月と二月、めちゃくちゃ働いた。私のことを、いろいろ（本、アルバム）出しているから稼ぎがいいと誤解している人もいる。
2．一か月の半分以上、あれこれなんだかんだ人と相談をする「ミーティング」があって、週一回講義して、原稿をいくつか送るとひと月が過ぎている。
3．正直、ミーティングは大事だけど、ミーティングそのものが今すぐ収入に繋がるわけじゃない（相手側は月給取りの場合が多いけど）。だから正直、ミーティングのときご飯をおごってもらえるとほんとにありがたい。
4．雑誌のインタビューや撮影も外から見ればかっこいいかもしれないけど、報酬はない。交通費も出ない。みんなこのことは知らない。これは本当に問題だと思う。このままじゃ雑誌にかっこいい写真ばかり残して飢え死にするかもしれない。

こうツイッターに書いて、授賞式に向かう準備をした。同行したレーベルの代表と公演プロデューサーに「賞金もない賞だし、もらえるかどうかもわからないけど、もし受賞したらトロフィーをその場でオークションで売ってお金に換えるつもりだから、二人にはサクラをお願いしたい」と事前に話しておいた。私が受賞したら、トロフィーのオークションを我が家の賃料五〇万ウォンからスタートして、公演プロデューサーが五一万ウォン、レーベル代表が五三万ウォンと叫んで、だんだんと値段を上げて売るつもりだった。授賞式が始まって二十分ほど過ぎただろうか、すぐにフォーク部門の授賞の番がやってきた。

「2017KMA韓国大衆音楽賞　最優秀フォークソング、イ・ラン　神様ごっこ！」

私の名前を呼ぶ声に、椅子から立ちあがりステージに上がった。プレゼンターからトロフィーを受け取り、ステージの中央にあるマイクの前に立って受賞スピーチをした。

「こんにちは。イ・ランです。私の友人が最近『お金、名誉、楽しみ』の三つのうち二つ以上満たされないならやるべきじゃない、と言っていたんですね。今日この授賞式は二つ以上が満たされていません。だって賞金がありませんから。いま私は賞をもらって、幸い名誉は手に入れたかもしれませんが、楽しみはない。賞金をもらえないので、お金も満たされていないことになります……。あ、名誉はありがとうございます。今日ツイッターにも書いたんですが、一月の収入が四二万ウォンだったんです。音源収益ではなく、全収入が四二万ウォンで、二月にはありがたいことにもう少しあって九六万ウォンでした。こうしてきびしいアーティスト生活をしているので、みなさんが賞金をくれるとありがたいんですが、この賞は賞金がないので、これを売るしかない気がするんです。いまご覧いただいているのは、インテリアにも最適なメタリックでキューブ形の大衆音楽賞トロフィーです。ここをご覧になると『イ・ラン──神様ごっこ』と刻まれています。このトロフィーの製作費がいくらなのかわかりませんが、我が家の賃料が五〇万ウォンで、払わないと暮らしていけないので五〇万ウォンからオークションを始めたいと思います。さあ、五〇！　五〇以上いらっしゃいませんか？　お宅に置いていただけるメタリックデザインのアイテム、韓国大衆音楽賞トロフィーを手に入れる絶好のチャンスです」

するとレーベル代表が手を挙げてオークションに参加した。しかしその後には誰も続かず、私は客席に座っている人たちの顔を見渡して「しまった！」と思った。そう、この人たちはみんな私と似たような立場なんだった。朝から身なりを整えてきれいな服を着てここに座っているけれど、私たちはみなこの国で生まれ、暮らしているアーティストだったんだ。そう思ったらすぐにオークションをやめるべきだと思い、私は、手を挙げているレーベル代表から五〇万ウォンかどうか定かじゃない札束を受け取ってトロフィーを渡した。

「ありがとうございます。今日私は名誉とお金を手に入れて帰ることができます」

すると司会者が割り込んできた。

「楽しみも手に入れられましたよ！」

私は答えた。

「あ、楽しみは私にはなくて。みなさんが楽しみを手に入れたんですから、ありがとうございます。みなさん、元気でお幸せに。私も元気で幸せに暮らします」

私は、札束を頭上で振りかざしながら、ステージのすそに消えた。

○の意味

五月は一年に一度、所得税を納める月だ。国税庁のサイトで確認すると、今年は人生で初めて所得税がプラスになった。今まではいつもマイナスで、毎年還付してもらっていたのに、今年は三六万ウォンの税金を払わなくてはならなかった。「そんなお金あるわけないのに!」と思いながら所得の項目をざっとチェックした。去年一年間、私がどんなことをしてどれくらいお金を稼いだのか目を凝らして確認してみる。

ウェブドラマ脚本・監督ギャラ
テレビ出演料
短編小説連載料
書籍契約金
エッセイ重版印税

アルバム『神様ごっこ』印税
いろんな公演のギャラ
いろんな講義のギャラ

この一〇〇パーセントを私一人で稼いだわけじゃない。公演のギャラなどは私がまとめて受け取り、メンバーたちに分けるようになっているからだ。こういうことはよくある。脚本料も私がまとめてもらって、共同作家に渡すこともある。本当はこういうやり方ではだめで、領収証をもらったり、税理士を通じて何かしないといけないと聞いたことがある。でも一〇万ウォン、二〇万ウォン、三〇万ウォンずつ分けているうちに忘れてしまう。

今年私からお金を借りていった友人たちがいる。彼らにお金がないのはよく知っているから、できるだけ貸すのではなく、あげたいと思う。もちろんそんなことしてたら、後になって自分が大変になることもよくわかっているが、考えたくない。

お金がないときは家賃や奨学金ローンの利子などの支払いにあくせくして、その日食べるのも心配なのに、懐に余裕のあるときは、通帳の数字を見ていても、ただ〇がいくつ、三がいくつ、五がいくつあるなあ、というふうにしか読めない。そういう〇を、今この瞬間どうにかしなきゃいけない友人たちにあげることになんの問題があるだろうか。私に必要な○は二○○なのだから、手元に二○○○あったら○を一つとってあげることがたいした問題だとは思わない。近頃はそうやって○一つ分をあげたり貸したりしていた。去年はたくさん仕事をしたから、私に○の余裕があったのだ。

でも、○をただとってあげるときと違って「貸す」場合はしょっちゅう問題が起きる気がする。○をとってあげるのは必死にもがいている友人を応援するためのプレゼントのようなものだが、貸す場合は相手からまず要請がある上に「返すから」という言葉がついてくるからだ。今年、私が貸したお金はまったく回収できていない。こんなふうに急にお金を借りなきゃいけない人も苦しいだろうが、返してもらうのを待つ時間も苦しいものだと新たに知った。それは、去年一生懸命稼いだからいつもよりたくさん○がつくようになった私の、新しい経験だった。貸すのも、返すのも、両サイドにとってつらいことだとわかっているからこそ、これからはただあげるだけにして、貸すのはやめるべきだと思った。

こんなふうに考えを整理していたら、今年はさっぱり稼げていない。去年仕事をしすぎたせいか、やる気が起きないし、ずっと無気力なままだ。幸い、去年の収入が残っていてそれを切り崩して使っているが、○が消えていくスピードを見ると、ときどき胸がちくちくしてくる。

付箋とモニター画面

机の上に広げたノートの空いたスペースにメモを殴り書きしていると、去年使い切ったノートだったたと気づく。あちこちめくってそこに書いてある文をいくつか読んでみた。日記は「もう○月の○日だ」で始まっているものが多かった。私がいまパソコンで書いているこのページにも、同じ文章で始まるものが多い。私はなぜいつも日にちを見て驚愕するのだろう？　でも、まわりにもそういう人たちはたくさんいる。

私たちはいつも時間が過ぎるのが早いと驚き、その驚きに共感したがる。私のまわりには適当に暮らしてる人なんていないのに、みな過ぎ去った日々に罪悪感を持っている。誰がそんな罪悪感を持つよう言ったのだろう？

私の机のモニターの隣にはポスト・イットがべたべたくっついている。ノートパソコンの画面には日ごとのスケジュールが浮かんでいる。ノートには手書きでカレンダーを作り、スケジュールを書き込んである。iPhone のカレンダーももちろん使っている。

パソコンのモニターの隣にくっついているポスト・イットには主に「原稿の送り先」と「お金を受け取る所」が書いてある。ノートパソコンの画面の中のスケジュールには公演やワークショップ、インタビュー、トークショーなどのイベントが書いてある。

イベントを別途書いておく理由は、イベント出演というのは何があっても会場に私の身体を移動させないと遂行できない業務だからだ。モニター横のポスト・イットのスケジュールが机の前で完結できる業務なのに対し、イベントはその日その時間にその場にいないと「大事故」になる可能性もあるリスクの高い業務だ。つまり、原稿は延期できるけれど、イベントは絶対に延期できない。そういうことだ。

先日、ある会社の担当者が作業室に広告の打ち合わせにやってきた。自然なアーティストの日常を撮りたいと言うので、机の上を見せながらいつもここにこうして座っているだけだと話した。彼は「アーティストなのにデスク業務があるなんて」と言って机をのぞき込んだ。モニター二台を繋ぎ、ポスト・イットを並べてキーボードを打っている私の姿を見て、彼は「アーティストとは何か」について考えなおしただろうか？　結局その広告の撮影は水に流れた。

数年前、あるテレビ局からアーティストの暮らしをドキュメンタリーで撮りたいと連絡が来たこともある。当時は作業室もなかったので、ワンルームの家で机に座っているか、ワッフルを食べるために設置しておいたテントの中で横になっているかのどちらかだと話した。放送作家は相当困って、撮影はなかったことになった。これでもアーティストなのに、パソコンの画面とポスト・イットをのぞき込んでいる時間が大半だと言うとなぜがっかりされるのだろうか？　一年に数十個のイベントをこなすには、当日の仕事だけじゃなく数々のメールや携帯メッセージや電話が伴うという事情を彼らが知らないはずはないのに。結局、どんな仕事も約束をして、その約束を守るということじゃないのだろうか。

にもかかわらず、原稿と本の契約は「こんなに延期してもいいのだろうか」というところまですべて押している。ポスト・イットを見るたびに反省し、また決心するの繰返しだ。「年末までにはなんとかしよう。いや、年末までは忙しいから来年にしよう。年末までに連絡だけでもしておこう。いや、あっちも忘れてるかも。違うかな？　一日に書く分量を決めておいてそれを守ればなんとかなるんじゃないか」。

昨日久しぶりに友人のウンビョルと電話した。『ＩＭＦキッズの生涯』（アン・ウンビョル著、コナンブックス、二〇一七年）という本の著者でもあるアン・ウンビョルが「数年間に本一冊も出せない人は、この先も出せるはずがない」と言っていたのを思い出す。私は「その通り！　その通り！」と爆笑したが、その言葉にぎくりとしたのも事実だった。でも、私はすでに本を何冊か出しているんだから、めちゃくちゃ耳が痛かったわけじゃない。ところで短編集はもうこれ以上引き延ばせない気がする。ほんとにさっさと書かなくては（幸い、その後書いて、出版できた）。その決意をこうしてやっぱり延びてしまったエッセイの原稿に書いている（今度はこの原稿も本になる！）。

私の席はドアの隣

ピンポーン　宅急便です
(私が注文したんじゃない)

作業室の一番奥の
ユジュオンニの席、いいなあ

落ち着く
ユジュオンニが
いないときに座ってみた

どうしてお前は金の話ばかりするんだ？

母校の芸術大学が運営する新聞社から原稿依頼があった。テーマは「イ・ランの無限行進」だという。大学卒業後、社会に出てそれなりにアーティスト活動をしてきたからこんな依頼が舞い込んだのだろう。依頼された当時、私はかなり疲れていた。仕事も多く、休日もひと月に一日か二日あるかないかだった。フリーランスという言葉の「フリー」は自由を意味するのではない、ということはずいぶん前から体感していた。

これまでずっと私の創作の原動力は家族への憤りだったが、社会でアーティストという職業で活動し始めてからは、あまりにも少ない収入にもっと大きな憤りを覚えるようになった。この仕事をしながらよく言われたのは、「自分が好きでやってることなのにどうしてそんなにお金の話ばかりするのか？」だった。私が今までも、そしてこの先もやることは、お金を稼いで食べて暮らしていくための仕事で、それが私の「職業」だということを人々はわかっていない。

創作活動よりも証明活動にもっと精を出さなければならないこともある。有名無名の創作物を作って売ることが私の仕事だということを、どうしたら証明できるだろうか。芸術家、作家、アーティスト、物語製造業者などの名前を一つずつ実験してみたが、たいした効果はなかった。そしていつからか自己紹介で「自営業」あるいは「製造業者」と言うようになった。

最近のインタビューで「芸術大学は、社会に出てアーティストとして活動するのにどんな点で役に立ちましたか？」と質問された。青少年向けの講演でも似たような質問がいくつもあった。そのたびに「学校よりも連帯が大切」と答えてきた。フリーランスも同僚の存在がいかに大切か身をもって感じてきたからだ。同僚を探す過程が私にとってはどんどん大事になっている。さまざまな年代、さまざまな職業の同僚を探すことが肝心だ。

同業者であるシンガーソングライターと知り合っておくことは特に重要だ。彼らは何人でバンドを組んでいて、バンドメンバーにどう接し、給与の設定はいくらなのか。作曲はいつどんなふうにしているのかなど、もっと知りたい。できれば同じ業界で似たような活動をしている人同士で、お金についてもっと詳しく話をしてみたい。そうした「情報」を共有することは今後の活動にとっても有益だと思うが、「お金はセンシティブな問題」という認識が互いの情報をシェアするのに大きな障害になっている。

先日、インタビューを依頼してきた記者に報酬を求めると、「インタビューは損得を計算する場ではない」と、インタビューをキャンセルされたことがあった。私の仕事と人生においてなぜ計算が必要なのか、一から説明するのは複雑すぎるので私の価格表をＳＮＳに書いておいた。

インタビュー　二〇万ウォン。
公演（ソロ）　八〇万ウォン。
公演（二人）　一二〇万ウォン。
公演（三人）　一五〇万ウォン。
公演（五人）　二〇〇万ウォン。

価格をオープンにすれば、同業者たちとインディーズ市場の値段について話し合えるかと思ったが、その後、それ以上はなんの話も出てこなかった。日本で知り合ったミュージシャンたちにも、よくこのテーマを投げかけてみるものの、誰も正確な価格について話したがらないという印象を受けた。

私が日本で公演をするとなると、十五日間の「興行ビザ」を発給してもらわなければならず、そこには一〇〇万ウォン以上のお金がかかる。飛行機代はだいたい往復三〇万ウォン（チェロ奏者も入れて二人の場合は六〇万ウォン）だ。宿泊費を含むすべての経費を除いても、私の報酬とセッションのペイを確保するには二〇〇万ウォン以上はもらわねばならない。公演一つでは足りないので、一度出張にいくと二、三の公演をすることになる。そういうわけで、現地で知り合った同業者たちにときどき話をしてみる。そんな中、同業のミュージシャンに「どうして君はお金の話ばかりするんだ」と言われたこともあった。

公演が終わると、私はいつもグッズ販売ブースに飛んでいってアルバムを売り、サインをする。海外出張の場合、経費がかかるので公演のギャラだけでは足りず、アルバムやグッズを売って収益を上げ副収入を得なければならない。「アーティスト本人がサインします！」と叫び、お客さんが興味を見せると近づいていく。

私は自分の足で「情報」の価値を作りだし、自分の足で活動を証明して歩いているようだ。

魅力マーケット

タレントという言葉は「才能」という意味で使われる。「タレント」と言うときは、特定の職業群を指すこともある。でも、その語源をさかのぼってみると『新約聖書』では重さを測定する単位であり、貨幣の単位だったことがわかる。『マタイによる福音書』ではこのタレントで三人の下人の能力を試験する内容が出てくる。主人は旅に出る前に下人たちの能力に応じてそれぞれ金五タレントと二タレントと一タレントを分け与える。しばらくして帰ってきた主人は下人たちが受け取ったタレントをどう使ったかを評価する。初めからたくさんのタレントをもらった下人はそれを二倍に増やしていたが、一タレントを受け取った下人はそれを地面に埋めておき、そのまま返して大目玉をくらった。

このタレントに関する物語を読んで、ひどすぎると思った。そもそも主人は「能力値」を事前に評価して、それに応じてタレントを別々に支給した。下人たちは主人が予想していた能力値にあった行動をとった。この物語の教訓はいったいなんなのか。

タレントについてずっと考えていて、タレントを職業にしている人たちのことを思い浮かべてみた。彼らがいくつのタレントを持っているのかは大衆が勝手に決めてしまうようだ。元アイドルだった友人が長い間その市場で「売れるために」自分のルックスと才能を利用していた話を延々としていたことがある。

インディーズ音楽市場も芸能界と同じで「魅力」に左右される面が大きい。ファーストアルバムを発表してからいくつかの媒体からインタビューを受けた。主に国内のファッション誌だったが、国内に音楽専門雑誌がそう多くなかったからかもしれない。写真付きのインタビューをいくつかやって、私に使い道があると思われたのか、だんだんファッション撮影とインタビューを同時にやる仕事も出てきた。用意してもらったブランドの服をはおってモデルみたいにポーズをとりながらこんなことを思った。


もし私が肥満だったら、こういうことがあっただろうか。

もし私が二十代じゃなかったら、こういうことがあっただろうか。

もし私に障がいがあったら、こういうことがあっただろうか。

雑誌を読む人たちや雑誌を作る人たちがかっこいいと思う表情やポーズ、ファッションは今まで雑誌で目にした通りに真似すればよかった。そこに出てくる人たちはみな同じだった。身体活動に何の不自由もない、若くて痩せた「きれいな」人たち。私はしばらくの間その市場で「新顔」として使われたようだ。

少し前にある化粧品の広告モデルのオファーがあった。「化粧品」というものを私が広告してもいいのかという悩みがまず先だったが、ギャラが少なくなかった。また、リップスティックやアイシャドウじゃなくて、化粧水や乳液だったので妥協してもいいと思った。ところで、なぜ私にオファーがきたのか気になったが、芸能人じゃないさまざまな職業の女性が出演するコンセプトだと聞いて納得した。スポーツ選手や写真家、子育て中の若いママなどが出演する予定だという。広告にはこの商品がなぜ私にとって大切なのかを伝えるナレーションが入る予定だった。ナレーションは事前インタビューでの私の答えをもとに構成されるということで、インタビューが先に行われた。ところが、インタビューの質問はどれも前もって答えが決まっていた。

「お肌のコンディションがよくない日はクリエイティビティが落ちませんか？」

「お肌とクリエイティビティの関係についてお話ししてください」

私の答えは「関係ありません」だった。肌が白くて透明感があってシミがなければばいいというような広告は巷にあふれているが、芸能人でない一般人が出演する広告なら、どんな肌の人でも正直にさらけだしたほうがいいと思った（もちろん芸能人もその基準から抜けられるならもっといいと思う）。例えば肌が「きれいじゃないから」この商品を使うべきなのではなく、この商品の機能的な部分が必要だから使いたかったというようにでも、私の答えは彼らが望む答えじゃなかったのは確かだった。少ししてから「残念ですがご一緒できなくなりました。インタビューのお話には本当に感銘を受けました」というコメントが返ってきた。

この「魅力マーケット」で生き残るためには、彼らがきれいで素敵だと思う顔や体や言葉を維持して生きていなければならないのか、という思いをまた新たにした。なぜならそのギャラは誰にとっても少なくないお金だったし、そのお金があったら家賃を十回以上払えるお金だったから。それでも、インタビューで嘘はつけなかった。

以前、パリに招待されて公演をしたときも似たようなことがあった。国内のあるテレビ局の現地駐在記者が訪ねてきて、公演の後に短いインタビューがあった（報酬はなかった）。彼の質問も似たようなものだった。

「こうして海外で公演をする気分はいかがですか？」

私の答えは、「わぁ、ヨーロッパで公演をするなんて本当に意義がありますし嬉しいです。とても新鮮です！　という答えを期待されていたのかもしれませんが、私にとっては国内での公演とあまり変わりません。移動が長かったので到着してから目にした風景は目新しかったですが、観客の方々はこちらに住んでいるか留学中の韓国の方たちなので、ソウルや弘大（ホンデ）での公演とこれといって雰囲気が違うわけじゃありません」だった。

ニュースには「わぁ、ヨーロッパで公演をするなんて本当に意義がありますし嬉しいです。とても新鮮です！」までが使われた。その後の言葉は丸ごとカットされた。それ自体がコメディみたいだった。この世はコメディショーみたいだ。

私がもし聖書に出てくる下人だったら、私は主人が最初にタレントを差別して分け与えるときから抗議したかもしれない。その後、鞭で打たれただろうか。

うー　この星の野郎ども

消えてしまえ、消えろ！

ふ～

食べた分だけ
自信になったら
いいんだけどー

きれい好きが私の自慢だったのに

今日はパク・ダハムと会う約束なのに、パク・ダハムはまだ来ていない。何をしているのかと尋ねると「整理してる」と言うのだが、いったい何をそんなにいつも整理しているのだろうと思う。というのも、会ってみるといつもぼさぼさで全然整っていないからだ。だから納得がいかなかったのだが、今日作業室に来てみると私自身も机から何までどれもこれも整理がなっていなかった。マグカップにはカビが生えていて、もともと一日一回水をやるはずの観葉植物ときたら、三日以上水をあげていないときもある。あちこちの出版社がなぜかいろんな本をやたら送ってくるのだが、私は日頃は本を読まずにスマホをいじってるだけなので、読めずに受け取っているだけの本たちが机の上にうずたかく積まれている。

子どもの頃を思い出してみると、毎日さっき引っ越してきたかのように家の中は散らかっていて、そもそも掃除というものをしない母が、まるでなにか呪文でもかけられたように月一のペースで部屋の模様替えを始めるのがたまらなく嫌だった。だから毎日部屋に鍵をかけてこもって、掃除の呪文をかけられたみたいに自分の部屋を片付けていた。あのときの私は、新聞に挟んであるマンションやインテリア、冷蔵庫などの広告チラシが大好きだった。がらくたの散らばっていないきれいな部屋の写真や冷蔵庫の写真が特にお気に入りで、坪数の広いマンションの平面図を見ているとストレスが解消するような気がした。なかでも、扉を開け放った冷蔵庫の中に、半分に切ったスイカやケーキの入った写真がよかった。ときどき家族に何かプレゼントしたいときは、自分の部屋じゃなく母や弟の部屋をきれいに片付けてあげたものだった。みんなの部屋をどれくらいきれいにしてあげられるか、私の実力のほどを見せたかった。でも、そうやって片付けてあげた母や弟の部屋は一日、二日でまた元通りになってしまう。すると私はまた自分の部屋にこもって自分の部屋をひたすら掃除する。

両親、姉と弟と暮らしていた家を出てからというもの、私は少しずつだらしなくなっていった。一人暮らしを始めて十五年が経ついまは、過去に見てきたどんな家よりも、自分の家がいちばん汚い気がする。友だちの家に遊びにいくと気分がいい。友だちの家は白い壁にほのかな照明、それからかわいらしくてしゃれたモビールがかかっていて、オーダーメードのクローゼットに音楽が流れている。ちょうど子どもの頃にこもっていた私の部屋の雰囲気と似ている。私は白いもの以外はどれも嫌いだったが、白すぎて許せない蛍光灯をつけるのは大大大嫌いだった。机の上には一切何も置かず、明日着ていく服以外は目に入らないようにきちんとしまっておかないと気が済まなかった。なのに私は、いつのまにこんなに汚くなってしまったのだろう?

汚い。部屋がとにかく汚い。私の顔も髪も体も汚い。シャワーをしないからよけいに汚い。数えきれないほどの連絡やメッセージ、メールにも返事をできず溜まっていく一方だ。本もこれ以上積んでおく空間がない。「申し訳ないんですが、このところ本当に忙しくて、何も覚えていないんで、こちらのことは気にせずどんどん指摘してください」と打ち合わせのたびに口にしている。私はきれい好きで約束を守る人間だった。それが私の自慢だったし才能だったのに。怒りがわいてくる。

芸術という労働

ＫＡＩＳＴ（訳注：韓国科学技術院）で研究員をしている友人Ｊが、作業室にやってきて久しぶりに話をした。今日私たちが会うことにしたのは十二月のパフォーマンスプロジェクトのためだ。光化門（クァンファムン）の美術館で開かれる展示にパフォーマンスのオファーをもらってから、真っ先に脳工学博士のＪに連絡をとった。以前から科学と連携したプロジェクトをやってみたいと思っていたのだ。Ｊが最近研究している顔面認識ＡＩ技術を使って面白いものができそうだと思った。

労働する私の頭の中をデータですべて見せたらどうだろう？　私の労働は大きく、作業室でのデスクワークや講義、公演などのイベントに分かれる。イベントの場合、終わって帰ってくるとくたくたで、とにかく横になって休まなければならないほど労働の強度も高い。単独公演はだいたい二時間ちょっとだが、その二時間だけ働けばいいわけじゃない。事前にサウンドチェックやリハーサルをしてバンドとの音合わせをしたり、公演後に挨拶をしたりサインをしたり写真を撮る時間まですべて終えると、かなり疲労感のある一日になる。

「公演」という労働の範囲をどこまでに設定すべきかずっと考えていたことがある。私の場合、所属事務所もマネージャーもおらず一人で多くのことを調整し、対処しなければならないが、どの仕事も本当に大変なのだ。ステージでパフォーマンスさえちゃんとやりきれば「公演」は成功したと言えるのだろうか？　あるいは観に来てくれた一人ひとりに最大限の感謝を伝えサインをしたり、一緒に写真を撮って握手し、短い会話を交わすまでが「公演」なのだろうか？

去年、今年と、単独公演をいくつかやってみたが、二時間以上のステージをやりきると、私は試合を終えたボクシング選手のようにボロボロになり、控室でしばし息を整えてから挨拶のために再び観客の前に出て行った。その後一時間ほど観客にサインをしたり写真を撮って握手をしたり話をしたりするサービスをした。何度か来てくれている観客の顔を覚えていて、もう少し話をしたり名前を覚えようと努力するけれど、短い時間に大勢の人に会うものだから、なかなか思うようにはいかない。

残った観客に感じよく挨拶しようと努めた後は、ゾンビみたいにほぼ抜け殻状態で家に帰ってくる。私に会いに来た人たちの期待に応えようと努力しているが、こんなふうにゾンビになるほど疲れることが「公演」という労働行為に常に含まれるべきなのだろうか？

でも、チケット代を思うと、何があってもやらねばとすぐさま考えが変わる。三万五〇〇〇ウォンほどのチケット代は、誰かにとっては大金だし、私にとってもそうだから、やたらと「サービス」しなくてはと思ってしまう。でも「サービス」労働をしている私の状態は、果たしてどんな姿なのか、それもまた気になるところだ。

今日、Jは脳波を測定する機械を持って来た。私は脳波を測定する機械を頭に付けてカメラに顔を向けたまま顔面認識プログラムが読み取る私の表情を見て、この数値を公開したらどうなるだろうかと想像した。

パフォーマンス会場で、私は私の数値を記録する装置を付けて待つ。観客たちは一人ずつ私に近づいてきて決められた時間、さまざまな行動ができる。事前に案内文を作って「イ・ランにしてもいい行動としてはならない行動」を決めておいたほうがいいだろう。一分以内と時間を決めて私は一人ずつ会う。彼らと話すこともできれば、握手をしたり一緒に写真を撮ったりもできる。彼らと会ったときの私の感情や私が感じる状態変化を、私に付いている装置が数値化し、後方にあるスクリーンに映し出すのだ。

私と向かい合って座った観客たちは、自分の言葉や行動が私にどんな影響を及ぼすか生中継で見ることができる。私にプレゼントをくれたり、今度会ったら言いたいと思っていた感想や称賛の言葉をかけてくれる人もいるだろうし、私を嫌いな理由を話そうとやってくる人もいるだろう。彼らが私にどんなことをしてくるのか興味津々だ。でも、会場では誰かに私の安全を確保してもらいたいとも思う。

私はいつだって自分の状態を話すほかない。私は私の体と精神を引きずってこの社会で動き、生きているのだから。そしてまたそうやって動いている私の状態を見守り、それを語り、物語を探そうとするほかない。ほんとうにそうするほかないのだろうか？

ともかく、今はそうなんだ。

今日面白かったことは、脳波の測定器を使って数値がどう変化するのかを見ていたのだが、コーヒーを飲んだら脳波の弛緩数値が上がり、メールを読んで外国語で返信をしていたら集中数値は一〇〇を超えっぱなしだったこと。Jは私の集中数値がかなり高いまま維持されていて、それだけストレス数値も高いはずだと言った。誰かが私の労働する脳を見守ってくれているというのは、なかなかいい気分だった。

Hの舞踊労働

Hはポグァン洞に暮らす現代舞踊家だ。実力のある現代舞踊家たちが集まっているという国立現代舞踊団所属だ。二〇一七年夏、モオとジェニャの結婚式でHと初めて会った。結婚式は漢江沿いのウィンドサーフィン場のガーデンで開かれ、十七組のリレー公演があったりと、小さいながらも、ものすごいイベントだった。オープニングはモオの公演で、現代舞踊家たちのステージ、カヤグムの演奏、ミュージカル俳優のソロなどが続いた。私はほぼ最後の方で、「ハウス　ポグァン」の仲間たちと合唱をした。

結婚式の後もときどきHに会った。一緒に舞踊公演を観に行ったり、高価な刺身もごちそうしてもらった。でもいざHが踊っている姿はモオの結婚式以来観たことがなくて、次はHの公演を必ず観に行くと決めていた。でも、国立現代舞踊団の新作はものすごい人気で、三日間の公演全席が前売り完売だった。諦めようとしていたら、Hがオープンリハーサルがあるからそれを観に来るといいと教えてくれた。

満開だった桜が徐々に散り始めた頃、家内のタケシと一緒に国立現代舞踊団のレッスン室にオープンリハーサルを観に行った。本公演では十六曲踊るということだが、リハーサルでは七曲を観せてもらった。本公演の半分くらいの分量を踊っている間じゅう、Hは尋常でなく大変そうだった。Hだけじゃなく二十人近くいるダンサーの誰もが、目まぐるしいほど速いテンポのスウィング音楽に合わせて気でも狂ったかのように踊った。私はその軽快な音楽に合わせてリズミカルに動こうとこれでもかとがんばっているダンサーたちを見て、ずっと心が重かった。舞の地獄絵を見ているようだった。絢爛でスピーディーなスウィングジャズのリズムに合わせて十六曲を続けて踊らなければならないダンサーたちは、いったいどんな時間を過ごしてきたのだろうか。

Hの話では、去年から九か月ほど練習してきたというが、リハーサル後半になるとダンサーはみな疲れ切った表情で汗を流しながら息を切らしていた。その中でHが（彼もリハーサルだから可能だったのだろうが）ベンチに座って息を整えながら大声で「はあ！」とため息をついたり、立ち上がって走ってきて「うあ！」と気合いを入れたりしているのが嬉しかった。二十人ほどのダンサーたちの中で、一人奇声をあげているHを見ていると自然と笑いがこみあげ、心も少し落ち着いてきた。言葉に詰まったまま踊っているほかのダンサーたちも声を張りあげたらいいのにと思った。ダンサーたちの声が聞きたかった。体で興を表現することがどれほど大変か、観る人を熱狂させるために本人たちはどれほどがんばっているのか、そして二時間ずっと熱狂させ続けるというのもまた本当は不可能だということを、彼らの口を通じて聞きたかった。

リハーサルの途中に登場し、「青春の競演」と「まるで明日などないかのような愉快さ」をお見せしたいと低い声で作品を解説する白髪の芸術監督が憎かった。H以外には、ダンサーの誰も声を出して話をしないのが見ている間じゅうずっと気になった。

リハーサルがすべて終わり、建物の前でHと煙草を吸った。別れ際に少し長めに、少しきつくハグをした。私はHに「労働現場、しっかり見せてもらったよ」と言った。Hは「明日が来なくて出勤しなくていいならいいのに」と言った。汗で濡れた半袖Tシャツを着て建物の中に再び戻っていくHが、目を三日月みたいにして手のひらを思い切り振った。その姿が、あの日見たHの動きの中でいちばん気に入った。

作業室を離れられない理由

このところずっと引きずっている無気力感と一緒に起きた。先延ばしにしていたカウンセリング、歯医者、銀行、健康診断、実損保険特約調整、原稿、パンソリ（訳注：一七世紀から伝わる朝鮮の伝統的な口承文芸の一つ）のレッスン等々が起床と同時に頭に浮かび、さらなる無気力に陥らせる。私は何もしたくない。結局、このうち何一つしないことに決めたら決めたで、自分自身にイライラしてきてめそめそ泣いた。そんな自分の姿にうんざりしてこれ以上見たくなかった。自分でも見たくないくらいなのに、他人の目にはどれほど醜いことだろう。こんな状況でもまた他人の目を気にしてしまっているという現実。

疲弊した心をなだめようとカフェに出かけてクーポンで無料のコーヒーを飲んだ。カフェでコーヒーを買わなくなって二か月ぐらいになる。近所でいちばん安いアイスカフェラテを毎日三〇〇〇ウォンで飲んでいた習慣も二か月前にやめた。お金を貯めるためにインスタントコーヒーを箱買いして浄水器の熱湯で淹れて飲んでいる。暑いから氷を入れて飲む。そうやって一か月に九万ウォンほど節約できたようだ。

収入が不安定だし、今年は大きなプロジェクトもなく不安だ。去年は一年中ウェブドラマの仕事で身も心もボロボロになったが、お金を使う暇もなく仕事ばかりしていて稼いだお金はそのまま通帳に残った。今年は新しい仕事を探していくつかミーティングをしたが、断らなければならなかったり、私のほうの準備が追いつかずできないことが多かった。いくつかの講義でなんとか生活費をまかなったが、毎月赤字だ。赤字の不安を埋めようとカフェのコーヒーをやめて、インスタントコーヒーを飲みながら余裕のなさを感じる（参考までに私が毎日コーヒーを買っていたカフェの名前は「여유（余裕）」だった）。ちょっと前に、共著者として参加した本が出たとき、版元の出版社が経営するカフェのドリンククーポンを五枚もらったものを財布にちゃんと入れておいた。その出版社の近くに用事があるときに使おうと思っていたが、さっぱり行く用事はない。でもそのクーポンがいま私の財布の中の小さな余裕だ。

作業室に来てピアノ曲をかけた。原稿を書くときは歌詞のある音楽は聴けないので、いつもピアノ曲をかけておく。共同作業室だから、ほかの人が来て大きな音で音楽をかけると私はヘッドフォンを使う。ヘッドフォンで聴くピアノ曲の合間にズンズンと響くビートや歌詞が漏れ聞こえてくると、言うべきか言うまいか悩む。作業室のメンバーはみなそれぞれ職業が違うので、聴いている音楽も好みも異なる。誰かは何かを見つけて殺すゲームをしながらマイク付きのゲーム用ヘッドフォンを付けて相手に向かって暴言を吐く（「あの豚野郎殺せ！　豚野郎！」）。誰かはポップス（ところでポップスは何をもってポップスというのかいまだにわからない。とりあえず英語の歌詞がノリノリで聞こえてくる音楽ということにしておこう）をかけて、モバイル用アプリを開発する。誰かが編集デザインをしていて、誰かは校正をして、私ともう一人の誰かは原稿を書く。私の隣の席の編集デザイナーのオンニ（お姉さん）は、私の機械式キーボードの音が耳障りだと言う。私たちは互いに大小さまざまな騒音に苛まれてそれぞれの仕事をしようと努力している。いや、努力するしかない。

　少なくとも私はそうだ。我が家は小さくて、私の部屋はベッドにハンガーラック、洋服ダンスだけでもうぎゅうぎゅうだ。作業室で使っている机やたくさんの本を置く場所はまったくない。私は毎月二〇万ウォンを出してこの作業室を使うしかない。

　少し前に青年支援事業と思われる「青年芸術家共同作業室申請公募」というのがあった。この公募を教えてくれた人が「無料支援みたいだ」と話していたので、やった、と思ってすぐに申し込んだ。翌日、親切そうな声の相談員から電話がかかってきて、私は入所条件を尋ねた。親切な声の相談員は三坪ほどの個人作業室は一か月六〇万ウォンから七〇万ウォンで気軽に利用できる、と教えてくれた。私は値段に驚いていないふりをしようと、三坪よりも広い部屋はあるのかと尋ねた。その人は、二倍の六坪の作業室は一八〇万ウォンで、最大六人まで一緒に使えると教えてくれた。それから多くの青年アーティストたちが作業室を利用していて満足度も非常に高いとも教えてくれた。私は何度か感謝を伝え、おかげで必要な情報は得られましたという印象を残しつつ電話を切った。月二〇万ウォンのさまざまな種類の騒音とともに、この作業室を離れられないと思った。

賞味期限

少し前に本の契約を破棄した。とてもじゃないが原稿を仕上げられそうになかったからだ。できると思っていたことが、この先いつになってもできないような気がした。社会の基準が変わっていくのを見守り、勉強して食らいつき、変わろうと努力しながら私がいちばん悩んでいることは「これから私にどんな話ができるだろうか？」だ。私が書いたストーリーの人物たちは典型的な家父長制から抜け出せないみたいだし、私の書いたセリフにも女性嫌悪や少数者嫌悪が表れているような気がする。

私は「評価」を恐れているのだろうか。私とその友人たちが使うスラング、げらげら笑いながらかわすジョーク。私の作る世界とストーリー。人物たちの抱える不完全さは、結局どんな評価や基準も超えられないのではないかという思い。それらが私に新しいストーリーを作れなくしているのだろうか？　でも私は理想的な社会の姿を正確に描けない。見たこともないものを想像だけで描くには限界があるからだ。私が創りあげる人物や彼らのセリフはみな百点満点をもらえない。それはすでに発表した作品もこれから発表する作品もきっとそうだろう。私が描く背景はただ、いまの私が知っている世界に過ぎない。毎日の混乱と毎日の挫折、そして束の間の幸福と短い愛を感じたことのある世界のことだ。

自分をネタにしてストーリーを作る

ストーリーの力

理由は思い出せないが、私はテレビや映画に力があると信じている人だった。幼い頃は強迫観念的にテレビを見せてくれなかった母親への反抗心からそう思っていたのだろうか（母はテレビを「バカ箱」と呼んだ）。小学校のときは朝のホームルームと給食の時間に学校のテレビに出る放送クラブの子たちが羨ましくて、放送クラブの試験に挑戦した。夏休みや冬休みの補習授業で身につけたアナウンス力を発揮したが、母親が学校に頻繁に出入りしている子だけが順番に選ばれて、私は五人選ばれるところを六番目で落選した。

学校の課外活動は、無条件に映画クラブに入った。学校でビデオを借りて観ることのできる唯一の時間だったからだ。じゃんけんに勝たないと入れないほど人気だったが、私は毎回勝って映画クラブに入った。映画クラブの部長になってビデオを選ぶ特権も手に入れた。休み時間にレンタルビデオ屋に行って、堂々と先生からもらった千ウォンでみんなが好きそうなビデオを選んでくるときの気分はとてもよかった。でも、授業時間は一時間だったから、毎回映画を最後まで観られなかった。それでもよかった。

中学に入ってからは、放課後に友だちと思う存分ビデオを借りて観られるという理由で写真部に入った。写真部の生徒は三人ともカメラがなかった。唯一カメラを持っているのは写真部の男性の先生だけだった。先生は私たち三人を川辺の公園に連れて行き、ただ私たちの写真を撮った。ひと月に一回、息苦しい学校の外に出られる時間だったから、私たちは写真を撮ってもらうたびにみんなでけらけら笑いながらポーズをとった。でも内心私たちはその先生は絶対に変態だと思っていた。

二週間ほど通ってすぐに辞めてしまった高校では入学初日から演劇部に入った。物語を消費する人から、物語を作る人になりたかった。部員になるための面接もあって、唯一できるモノマネをいくつかした。出せるかぎりのいちばん大きな声を出してみろというので、両脚に力を入れて声を張りあげた。でもそうやって入った演劇部で学校を辞めるまでの二週間に覚えたことは、お昼の時間に食事もできず演劇部の部室の前で気をつけをしていることだけだった。

私の頭の中ではいつだってストーリーが絶えることがなかった。いまとなっては思い出すこともできないたくさんの歌や小説が私の口から、手から流れ出た。学校の作文コンクールで何度か最優秀賞をもらい、友だちの代筆をして賞をもらえるように手伝ったりもした。でも、学校で「将来の夢を書きなさい」と言われるたびに、作文の次に得意だと思っている絵を描く「画家」になりたいと書いた。校外の作文コンクールにも出たかったが、弟をおんぶして病院通いに忙しい母には言い出せなかった。家にはあふれるほど本があったが、食事中は本を読むなとしょっちゅう叱られた。文章力があるから作家になってみたらと言ってくれる大人は一人もいなかった。私は勉強するふりをしてノートに物語を書き、挿絵を描いた。誰かに見られやしないかと、書いた後に消しゴムで必死に消した。バレない方法は頭の中で作って頭の中で消すことだとわかったから、できるだけ頭の中ですべてのことをやろうとした。そうできる時間が、あの頃はたくさんあった。

外へ

十七歳（訳注：韓国では生まれたときを一歳とし、新年を迎えるたびに一歳重ねる数え年の方法で年齢を計算する）で学校を辞めて、興味を持っていた文芸誌の集まりに顔を出すようになった。大学生たちが安い居酒屋に集まって酒を飲み煙草を吸っているのをコーラ片手に眺めていた。集まりがとりわけ面白いわけではなかったが、「何かありそうな気がする」と思って自分より年上の自由そうに見える人たちに必死でついて行った。そのうちの数人が新しい集まりに連れて行ってくれた。高級エリアに違いない江南（カンナム）に大きな個人アトリエを持っている男性デザイナーと美術やデザインに関心のある大学生のオンニたちが集まる場所だった。いま思い出してもその集まりの目的がいったい何だったのかわからない。夕方になると大きな地下のアトリエにオンニたちを集めて声の大きい豪快なデザイナーのおじさんと一緒にお酒を飲んだり料理を食べたりして笑っておしゃべりする、そんな時間だった。私は、そのアトリエにこまめに出入りしてオンニたちが来る前にそこにある本をめくってみたものだった。夕方遊びにくるオンニたちの大部分は、私にはたいして関心がなかった。学校にも行かずにうろうろしてるちょっと変わった謎の若い子ぐらいに見えたのだろうか。

あるオンニは夜遅くまで残って、アトリエの片隅のベッドルームで朝までおじさんと一緒にいた。昨日の朝は別の誰々さんが出てきたよ、というたぐいの話は後になってひっそり伝え聞いた。奥さんもいるおじさんがなぜ毎日自分のアトリエでパーティーをしているのか、なぜ家に帰らずオンニたちとあの部屋で朝までいるのか誰にも訊けなかった。未成年の私にもビールの入ったグラスがときどき手渡され、ある日なんておじさんが私の唇を果物でも食べるみたいにチュッチュと吸いながら「うまい、パワーが出る」と言ってけらけら笑った。中学生のとき友人たちと練習したり想像していたキスとはまったく違うシチュエーションだったし、ファーストキスだったのに、そんなことは言えなかった。そこにいる誰もがその様子を楽しんでいたからだ。

そこによく来ているオンニの中で私に興味を持ってくれた人がいた。年はたしか七、八歳上だったと思う。学校で知り合った友人には見られなかったユニークな性格の人だった。毎日毎日自分のファッションを記録した（当時も高価だった）フィルムカメラの自撮りを集めて作ったアルバムがいくつもあった。私が習った「きれいな顔ときれいな体」の基準からはほど遠いルックスなのに、その人は自分に寛大で堂々としていた。どうしてあんなふうになれるんだろう？　私はなぜ彼みたいに堂々とできないんだろう？　私たちは何が違うんだろう？　まったくわからなかった。

家と学校から抜け出したくて外に飛び出した私を、彼は同等に扱ってくれた。私は彼を「オンニ」と呼ばなくてもよかったし、私たちは互いの名前を呼んで一緒にする仕事について話をした。どこに行くにもカメラを手にしていた彼は、私の写真も撮ってくれた。私は自分の顔と体を恥ずかしいと思っていたから、八重歯が飛び出している口を手で隠したものだった。八重歯をコンプレックスに思う気持ちに耐え切れず十八歳のときに矯正を始めてからは、矯正器が恥ずかしかった。でも、友人は変わらず私を撮りまくった。恥ずかしい顔は次に会うときに現像されて私の手に渡された。自分の写真がこんなにあるということに驚いた。

家には自分の写真があまりなかった。二歳離れた弟が障がいをもって生まれてからは、家族は、いや母は弟を「治す」ことに邁進した。治る方法はないという現実を受け入れられない母は、「病気の子」を産んだ罪悪感に苦しんだ。弟は手術をしてリハビリ治療を受けて大学病院に通い、その後はありとあらゆる代替医学の実験対象になった。そんな中、誰一人として私という人の写真を撮る余裕はなく、私は子どもの頃の写真が数枚しかない人として成長した。

自分の写真を手にしたのは特別な経験だった。自分を常に記録し自分のルックスや内面を恥じないその人のことが不思議で、好きで、私はずっとついてまわった。私を撮り、私が見るものを撮るために、初めて小さなフィルムカメラを買った。そしてそのあやしい地下のアトリエには遊びに行かなくなった。

私たちの話には意味がある

芸術大学の映画科に入学してから、ついに「公式に」堂々と物語を作れるようになった。今まで私が徹夜しながら観てきた映画たち、頭の中で作っては消した物語を思い切り外に出してもいい場所だった。でも、何を語ればいいのか感覚がなかなかつかめなかった。ストーリーテリングの授業で、ストーリーを書いてくるようにという課題が出た。悩んだ末に小学校の作文の時間によくやっていたように童話を作って書いた。脚本家の先生が私の書いたものを読むと、「この内容もいいけれど、いま君に起きていること、君のまわりで起きていることについて書いてみるといい」と言った。二十一歳で童話を書いていることが突然恥ずかしくなった。まるで子ども時代に閉じこもっている気分だった。

次の授業で、母が作ってくれたお弁当を持って大学に通いながら、母に煙草を吸っているのがバレないように学校に煙草を隠している娘の話を書いた。大きな木の梯子をつかって木の上に置いておいた煙草を取り出して吸い、母親が作ってくれたお弁当を食べてまた煙草を吸って、家に帰るときは、また梯子づたいに木に上って煙草を隠しておくというショートストーリーだった。こんな話でもストーリーになるのだろうか。確信もなかったし、面白くもなかったが、同期二、三人と画質のめちゃくちゃ悪いビデオカメラを借りて三分だったか五分だったかの短編映画を撮った。タイトルは「今日に限っておいしい」と付けた。

大学入学後に付き合い始めた恋人と家賃一五万ウォンの屋上部屋に引っ越すまで、私は家から学校に通った。煙草を家の前の消火栓に隠しておいたこともある。母は何度も私の指のにおいをかいだ。そんなささいな緊張感をストーリーにしてもいいのだろうか、当時はなんの確信もなかった。

いまも私の話に強い確信があるわけじゃないが、一人の人の話と記録に意味があり面白いのだということに徐々に気づいた。誰かに教えるということを始めてからは、なおさらそう感じた。メディアクトという空間で初めて行った講義のタイトルは「誰も傷つかない音楽の授業」だった。その後、十二名から多いときは二十名を対象に音楽や映画のワークショップをした。講義のタイトルを付けるのも面白かった。「あなたはある世界の神になる」「平凡な人の歌」。講義名で伝えたいことは一つだった。

「あなたの話には意味がある」

私がそうだったように、ほかの人たちも「自分の話」をすることに確信がなかった。自分の生活は退屈で特別な事件や事故も起きなければ、誰かが聞いて面白がるような話じゃないと、講義を聴きに来る多くの人は言った。

「私は平凡な人間なんで」

自己紹介になるとこの言葉をよく耳にする。私は、私も自分の話に確信がなかったことを隠したまま、受講生たちを一生懸命応援し支える。互いに平凡だと言い張っていた受講生たちは十人いれば十人、みんな髪の長さが違う。ファッションのスタイルも、持っている鞄も違えば一人ひとり異なるノートやペンを持ってきた。なぜノートを持ってきたのかと尋ねると、答えもさまざまだった。そうやってみんなの話が違うことを、そうやって違う話を聞くことが面白いということを、一緒にゆっくり感じながらワークショップを進めた。

授業中はずっと何人かの話を引き出すことに力を注いだ。普段私の仕事と私が作るストーリーだけを考えていた頭の中が、この時間はがらっと換気された。一度も私と同じ選択をしなかった人たちが、同じ空間に集まって話をシェアしているというのは、ものすごく希な確率であり縁だと思った。六週間あるいは八週間、誰もが自分は平凡だと言い張っていたのに、一人も同じ話をしなかった。その後、歌を一、二曲、あるいは映画のシナリオを発表したが、最後の発表を聞くときは、泣いている人もたくさんいた（その中で私がいちばんたくさん泣いていたかもしれない）。

それから日常に戻ってきて、うんざりするくらい繰り返される何事も起きない私の話を繰り広げ、誰かの応援を思い出そうと努力した。その誰かが思い出せないと自分で自分を応援した。ずっと前にカウンセラーの先生と一緒に書いたメモを机の引き出しに入れておいて、何度も開けては再び読んでみた。

私は自分のことを愛せる人だ。
私は自分自身を諦めずに、何があっても自分を育てていく人だ。
私はそうやって生きている人として、生活してゆくつもりだ。

先生は私のノートにこんなメモを残してくれた。
「ラン、君は未来の主人公だよ」

ヨンヨンスン

『スローターハウス5』は大学一年のときに初めて読んだ。大学に入ったんだから大学生が読むべき本を読みたいと思って、どんな本を読むべきかわからず、ある映画監督が薦めていた本をすべて読むことにした。その中にはカート・ヴォネガットの『国のない男』があって、その本に完全にハマってしまった。私はカート・ヴォネガットの本を片っ端から読み始めた。

『スローターハウス5』を数ページめくると、すぐに「ヨンヨンスン」の歌詞が出てくる。

私の名前はヨンヨンスン
ウィスコンシンで働いています
そこの製材所で働いています
町を歩いて出会う人々

彼らに名前を聞かれたらこう答えます
私の名前はヨンヨンスン
ウィスコンシンで働いています

後で探してみたらその歌は出処不明の口伝民謡だったが、私はカート・ヴォネガットが作った歌だと思って、そこにあれこれメロディを付けて歌にしたのだった。そうやって作った歌がファーストアルバムに収録されている「ヨンヨンスン」だ。歌を作っているときは、ただ無限に繰り返す歌詞が面白かっただけだったのに、彼がなぜその口伝民謡の歌詞を挿入したのか、いまようやくその意味がわかるような気がする。

『スローターハウス5』は戦争に関する小説で、副題は「子供十字軍　死との義務的ダンス」である。カート・ヴォネガットは第二次世界大戦のときに出兵したが、ドイツ軍に捕虜として捕らえられ、廃墟となった屠殺場（スローターハウス）に収容されていたため、ドレスデンの大空襲からは運よく生き残った。戦場から帰ると、ヴォネガットは自分が見たドレスデンに関する本を書こうとした。「ヨンヨンスン」という口伝民謡の歌詞のように、彼は人からいま何に取りかかっているかと訊かれると「ドレスデンを扱った本を書いている」と長い間答えてきた。

そうやって二十年以上「ドレスデンを扱った本を書いている」と話していたが、いざ戦争についてはなかなか言葉が出てこなかった。結局彼は同じ経験をした昔の戦友バーナード・V・オヘアを訪ねたのだが、そこで決定的なヒントを得る。それはバーナードの妻メアリの言葉だった。

ヴォネガットがメアリと出会うシーンは、小説『スローターハウス5』の中に描かれている。メアリは彼が訪ねたときからものすごく怒っていたのだが、ヴォネガットはそれが自分のせいだと思いながらも理由を推しはかりかねた。

「あなたたちは赤んぼうだったじゃないの！」

メアリは、話をしていたヴォネガットとバーナードに突然言葉をなげかけた。

「戦争中、あなたたちは赤んぼうだったじゃないの――二階にいるあの子らとおんなじような！（中略）でも、そんなふうには書かないんでしょう（中略）わたしにはわかるわ。二人が赤んぼうじゃなくて、まるで一人前の男だったみたいに書くのよ。映画化されたとき、あなたたちの役を、フランク・シナトラやジョン・ウェインやそんな男臭い、戦争好きな、海千山千のじいさんにやってもらえるように。そして、戦争はすばらしい、だからもっとやろう、ということになるんだわ。ほんとうに戦うのは、二階にいるあの子供たちみたいな赤んぼうなのに」

（カート・ヴォネガット・ジュニア、伊藤典夫訳、早川書房より）

メアリはカート・ヴォネガットの訪問に怒っているのではなく、「戦争」に腹を立てているのだった。そしてその戦争を煽るような本や映画についても怒っていたのだ。ヴォネガットはその場でこの本のタイトルに「子供十字軍」と入れると約束した。そして『スローターハウス5』のいちばん前のページに「メアリ・オヘア」の名前とともに献詞を書いた。

私はヴォネガットが『国のない男』に書いていたこの文章を長い間覚えていたが、これからもずっと覚えていようと思う。

「どうにかして賢明な人になってほしい。そして我々の生命とあなたの生命を救いたまえ」

さらにたくさんの賢明な人たちが戦争に反対し、あらゆる嫌悪を止めることを願う。

面白くできるかな

私の長年の悩みは「面白い文章を書けない」というもので、面白いというのがいったいなんなのか、だんだんわからなくなっている。今までのように風刺するスタイルでユーモラスに語るのにどんな効果があるのだろう。きちんと語ることができてないような気がするし、被害者のいる事案を風刺して語るのは被害者を再び傷つけるのではないかという気もする。どう話すべきなんだろう。

ネットフリックスで何十回も見たオーストラリアのコメディアン、ハンナ・ギャズビーのスタンドアップコメディ「ハンナ・ギャズビーのナネット」で、彼は自分の話をきちんと語るためにコメディをやめると宣言した。性的少数者のギャズビーは自分のアイデンティティをコメディの素材にしている。しかしながら、自分の過去や傷ときちんと向き合わないまま自分自身を笑いものにしてきたと反省している。

「スタンドアップコメディ」と名が付いたそのショーの最後には、彼が興奮して震えながら涙をためて大きな声を出す姿がある。ショーの序盤に面白いエピソードだと紹介していた、バス停で、自分の恋人に近寄ってくるなと脅してきた男性にこちらが「女だとわからせて」ちょっとした騒ぎですんだという話をもう一度してくれた。女であるとわかってことなきをえたのに、実際は後になって、ギャズビーがレズビアンだと知った男性が戻ってきて暴力をふるったのだ。まわりのだれも助けてくれなかった、そのおそろしく、孤独な状況について彼はゆっくりと話をした。一座が静かになって重たい空気が流れたが、彼はその重さを感じるべきだと語った。一人の人の話をきちんと聞くということがどれほど大きな責任を要するのか、わずかながら感じることができた。

ギャズビーは「真実を語る行為」によって、自分はもうコメディや芸術の世界でやっていけないかもしれないと覚悟した上で、あえてステージで自分が受けた暴力や苦しみについて語った。そしてそれ以来、より世界と繋がれるようになったと後に語っている。できる限り真摯に語ることが誰かと繋がる方法ならば、私はうまくやれるだろうか。なぜ、こんなに「面白くやらなきゃ」という考えにいまだにとらわれているのだろうか。

しくしく

うぅ、これ完全に名作、超名作

あ！　この人いま何歳だろ?!

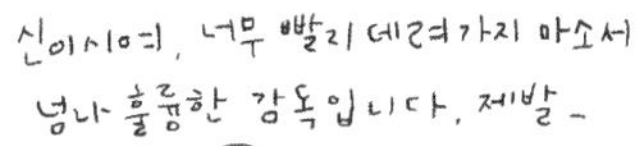

神よ、あまり早く
お連れにならないでください
こんなにも素晴らしい作家先生
なのですから、どうか〜

自分をネタにしてストーリーを作る

「いろんなことをしてて怖くないですか?」

「これをみんなやってても大丈夫だってどうしたら判断できますか?」

「いつ、どうやって完成というものを確信するのですか?」


二〇一六年に出したエッセイ集の刊行イベントで読者から質問されたものの一部だ。このほかにも「服をどこで買うのか?」「好きな人にどうアプローチするのか?」「おすすめ映画は?」などの質問もあったけれど。今日は右記の三つの質問に集中してみよう。まず結論から出しておいて本論に入ることにする(私は長い文章を見ると読む前に疲れてしまうから)。結論は、まわりの抱くイメージとは違い、私も結局一つのことをしながら生きているということだ。私は「ストーリーを作ること」をする人だ。もう少し付け加えるなら、「自分をネタにしてストーリーを作ること」をする人だ。なぜ本人を材料にするのかについては、こう反問する。「私がいちばんよく知っている人は自分以外に誰がいるの?」

あるストーリーを書きたいとしよう。ストーリーには主人公がいなければならない。主人公はどんな人で、どんな望みをもっているのか、最初から最後まで設計しなければならない。どこで生まれて、両親はどんな人なのか、兄弟姉妹はいるのかいないのか、国籍はどこで故郷はどんなところで主人公は自分の環境に満足しているのか、幸せなのか不幸なのか、いちばん仲の良い友だちは誰で二人はいつもどんな話をしているのか、殺したい人がいるとしたらそれは誰で、なぜそう思うのか、人を愛したことはあるのか、なければまだ愛するという感情を知らないのか、などなど。一人の人を創りあげるには、こんなふうにかなり手間がかかる。でも私を主人公にすれば、この質問にすぐに答えられる。主人公の歴史に一〇〇パーセント関与してきたのだから。抜け落ちている部分もすぐに見つけ出せる。私のまわりの人たちに聞けばいいのだから。

私をネタにしてストーリーを作るためには、私を「観察」し「記録」することがものすごく大切だ。慣れれば自然とできるようになるが、そこにいくまでがかなり苦しい。電話中に回線が不安定で自分の声が反響して聞こえたことがある人もいると思う。そのときの自分の声はどうだっただろうか。それはもう聞き慣れない、「私」とは思えない声だったはずだ。声だけじゃなくて私が話し動いている姿をモニターすると考えてみよう。職業柄、自分の姿を常に観察してきた人でもない限り、相当なショックを受けると思う。顔の筋肉が動く様子、身振り手振り、歩き方や姿勢などなど。予想外にたくさんの部分が思っていたものと違うはずだ。自分がいちばんよく知っている人なのにもかかわらず相変わらず見慣れないし、それに加えて毎日新しい情報が追加されるから一生懸命観察するしかない。

エッセイ集の刊行イベントで、私は自分を観察してきた記録を公開した。この十年間に撮った数百枚の自撮り写真や動画、音声メモやノートのメモたち。私は自分を観察しながらストーリーの主人公として人物設計に穴ができないように情報をきちんとまとめておき、そのときそのストーリーの中で私が望むものがなんなのか見つめて把握した。そんなふうにたくさんの記録の中でたくさんのストーリーを発見してきた。自分自身で記録はしたものの、すべて思い出せるわけではないから「発見」と言う。映像や音声メモの中から見つけた歌は結局「私の歌」になり、落書きや文は私のマンガの素材になったり、シナリオの土台になったりした。

「きれい」な姿だけじゃなく、悲しくて汚くて醜い姿まですべて見て記録してあるから、後になって「発見」すると今までの苦労が報われた気持ちになる。こんなにも生きづらくほとんど地獄同然とも言えるような世界で今まで生きてきたことに、よくやったと、未来に受け取るご褒美を前もって準備できたような気がする。そうやって私にぴったりのレベルの労いになる歌、イラスト、文ができあがった。それを発見できて嬉しかったし、きっとほかの人たちも喜んでくれるはずだと思ってシェアできた。

私を観察してその中でストーリーを見つけて、それを歌ってそして書いて発表するということ、その楽しさや喜びは実際にやってみないとわからない。こんなに簡単なこともないのだ。

材料はそう、あなた自身で、すぐに今日からでも観察して記録をつけ始めればいい。私だってそうやって繰り返し私のストーリーを見つけて、また世間に発表するのだろう。

平凡な人の歌

先週から仁川(インチョン)アートプラットフォームで「平凡な人の歌」という授業を始めた。これから毎週日曜日は仁川に通わなければならない。先週は授業時間を間違えて早く着きすぎてしまったせいで、近所をあちこち見て回ったり、講義室の前のソファに横になってちょっと眠ったりもした。朝十時に起きて準備をして出てきたのだが、授業を終えて家に帰ると夜の八時だった。仁川は遠くてソウルよりもちょっと寒い。今週はもっと暖かいコートを着ていかなければと思った。

授業には四十代、五十代の姿も何人か見えた。普段ソウルで授業をすると二十代、三十代が多い印象だが、今回は地域住民が無料で受けられることもあってか、中高年層の受講生が思いのほか多かった。私の授業はいつも「自分の話」で歌を作るもので、私のすることといえば受講生たちが自分の話をしやすいように助けるだけだ。でも今回の仁川の授業は初回から難関が予想された。

これまでもそうだったが、中高年の受講生たちは、社会経験が長いせいか、話自体はよどみなくすすむ。単語の選択も無難で、難しい言葉をわざわざ多用したりすることもない。でも、私はいつも中高年の受講生たちに何か言葉にできない壁を感じる。彼らは「社会演技」にあまりにも慣れているのだ。特に、長らく組織で働いてきた場合はよけいにそうだ。ずっと社会的に無難な会話のしかたをしてきたせいだろうか。いざ「自分の話」をしようとすると困難も多いが、その困難を無難な単語でもって流暢に片づけてしまう。数年前ある六十代の男性受講生は結局、歌を完成させられなかった。

仁川での講義の初回は「年齢」の話で、ある人の話がかなり長引いた。その人が自分の年齢を「地下鉄何号線の何号車」という言い方で明かしたときは、年齢に関してどれほど多くの社会的抑圧があるのか考えさせられた。いったい何が、彼が年齢を明かすのを恥ずかしくさせるのだろう（事実、その答えはあまりにわかりきっている。私たちの周辺には若くて元気あふれる人たちだけが目に入る。老人のための国でないことは明らかだ）。

私は「自分の話」のための簡単なアンケートで、受講生たちに彼らの環境を何度となく尋ねる。どういう部分で話がつまり、どういう話をしたくなくて、どういう話に怒り、涙が出るのか。それを聞くことで結果としてその人の話が表に出てくるからだ。受講生たちは、自分の環境を説明するのがまるで「人口調査」のようだと、戸惑いを見せる。

でも結局「今の自分」を説明するためには、今までどんな経験をしてきたか、自分の人生を振り返ることがいかに大切なのかに気づく。そして、最後にはいちばん話したかった話、長い間抱えてきた話をどうにかすくいとって自分の声で語り、歌詞にして歌を歌うことになった。

授業中、受講生の涙があふれ、私の涙も止まらなくなることもときどきあった。中高年の受講生たちの人生談はあまりにも長く、そして古い。彼らがその過程で自己防衛のために身につけた「社会演技」が分厚い鎧のように彼らを包んでいた。その鎧は私がたかだか六週間、八週間でつきやぶるにはあまりにも堅固で、授業は相当なハードワークだった。

私たちはどうやってこの時間を過ごすことになるのだろう。今回の講義を通じて、せめてささやかな成果でも収められるだろうか。

講義室前
よし到着！

落ち着け、私は先生
先生らしく！！

とりあえず一服しとこ
↓学生たちの送ってきた
課題をチェック中

うそ！
めちゃくちゃ
面白いんだけど！！
やっぱり教え方が
いいんじゃない？

ひたすら飛び上がってくる人

映像作家で小説家でエッセイストでフェミニストで先生でジュンイチのママで漫画家でミュージシャンのアイデンティティを、すべて維持していくのは簡単じゃない。まわりからすごく褒められたり批判されたりする「いくつもの仕事を同時にする理由」については、いつも同じように答える。生活していくため。ここでの生活とは、イコールお金を意味する。

先月東京で仕事を終えてから帰る飛行機で、ブックトークのためにヴァージニア・ウルフのエッセイ『自分だけの部屋』を急いで読み終えた。数年前に買っておいたままだった本を仕事のために急いで読み終えたというのがいまの私の状況をうまく説明していると思う。ヴァージニア・ウルフは女性作家にとって年五〇〇ポンドのお金と自分だけの部屋があったらどんな自由が生まれるかについて語っていた。邪魔されずにただ浮かび上がってきたことだけを考える、悲しみと怒りに満ちていない女性作家はどんなものを書くだろうか？　でもなかなか想像できなかった。お金と時間と余裕のある自分自身の姿をだ。

怒りに満ちていない私は物語を作れるだろうか。私のたくさんの昨日は怒りと一緒だった。私を傷つけた家族、大人になってからも、その傷について家族の誰とも話せないことへの怒り。家族の代わりに友情や恋愛に執着したが、拒絶されたり別れを経験したときに感じた当惑や悲しみ。教育システムから抜け出し社会に出てからは仕事をしても相応の対価をもらえないことへの怒りがいちばん大きかった。神についてはなおさらだ。こうしたものたちが私を語らせる原動力だったし、いまもそうだ。

昨日はモ・ジミンが作業室にやって来て、詩の朗読を録音して帰っていった。録音前に一緒に食事をして、歩きながら「我を忘れて夢中になる境地」について話をした。ステージで無我の境地を味わったことのない私に、モ・ジミンはあんなに美しい瞬間をどうして感じられないのかとそれは残念がった。私がステージで無我の境地に到達したことが一度もないのは、私の活動はどれも「金」に換算するための努力であり、計算だからだ。お金に余裕があったためしがないから人々が支払う一万ウォンの価値が怖い。どんな表情と動きで歌を効果的に観客に伝えられるか、歌の後にはどんな話をしてどうやって人々を笑わせるか。歌を歌いながら頭の中ではそういうことをずっと考えているので歌に思い切り集中できない。

この間の日本の公演では、同僚ミュージシャンに「アーティストらしくない」と非難された。つねに計算して動いて観客を満足させようとする姿がそう映ったのだろう。その人はステージで歌詞以外の言葉は一言も口にしない人で、私は歌の前後にずっと観客に話しかけている人だ。人々が私に関心を持ってくれるのがいまだに不思議だし、寄せられた関心にはいつだって限界と代価があるものだと思う。「あんたはあんただから。輝ける人だから、ステージに立っているだけでもみんなが喜ぶんだよ」。そういう人もいる。でも私は相変わらず私が受け取るお金のことを考える。その価値に見合った行動をしようと決意する。だからこそ一度もリラックスして「ステージを楽しめた」と思ったことがない。ステージは「業務」で、長い業務が終わるとただ疲労感が残るだけだ。私もいつかは「無我の境地」を味わえるだろうか？　どんな人がそれを感じるのだろう。

先週からソウルに公演を兼ねて訪れた折坂悠太という友人と毎日会った。私はあまり出かけないので彼がほとんど毎晩、作業室に遊びに来てくれた。初日はこれといって何をすればいいかわからず韓国のレジェンド歌手を教えてあげるとYouTubeをつけた。朴槿恵退陣要求デモのときのハン・ヨンエの「調律」ステージを見せてあげたら、かなり気に入っていた。それ以降、チョン・イングォン、キム・グァンソク、ソン・チャンシク、キム・ワンソンなどのステージを見せてあげたが、その中でハン・ヨンエがいちばん気に入ったと、その歌を一緒に歌ってみたいと彼は言った。

その夜は歌詞を発音のままひらがなで書いて歌ってみるだけだったが、日に日に話は盛り上がり、結局漢江で一緒に歌う映像を撮るところまで行った。そうやって映像を撮る日まで毎晩、韓国語のできない悠太に発音練習をさせて歌を歌った。初めての歌を自由に歌う彼とは違い、私は数日、どう歌うべきかまったく勘がつかめなかった。練習最後の日の夜中。彼が歌う姿をなにげなく見ていて何かを悟った。今まで私は一緒に歌わなくてはというプレッシャーで、ずっと彼を見つめながら歌っていたが、彼はまったく私を見ていなかった。どこかに深く入り込んで集中している姿だった。目をつぶっているときも、開けているときもあったが、彼の視線は正確にどこかを指してはいなかった。あ！　と思って、ギターをケースにしまっている悠太に、最後にもう一度だけ歌ってみようと言った。それからは周囲のものを何一つ気にせず、ただ聞こえてくる音にだけ集中して歌を歌った。歌が終わるとすぐに「歌を歌った」という気分がしてきた。無我の境地まではいかないながらも、歌うことだけに集中して歌うというのは、ものすごく気分がよかった。歌を歌いながらこんな気持ちになったことあったっけ？　あったとしてもいつだったか思い出せないのだから、初めて感じたといってもいいかもしれない。

ヴァージニア・ウルフの言う「邪魔されずに、ただ浮かび上がってきたことだけを考える」状態とはこういうことだろうか？　彼と一緒に歌って以来、お金と時間と余裕のある自分自身についてもう少し具体的に想像できるようになった。怒りがあふれていなくても物語を作って歌を歌えるかもしれないと想像するのはとても嬉しかった。そして一瞬一瞬、何ものにもとらわれることなくステージで飛び跳ねる折坂悠太と私の愛する友人モ・ジミンを心の底から尊敬した。

でもそう考えると、観客は「邪魔されずに、ただ飛び上がってくること」を見るために公演にやってくるのだろうか？　もしそうだとしたら私の公演に来てくれた人たちにものすごく申し訳ない。今後私は、無心にただ飛び上がる姿をステージで披露できるのだろうか。もっとたくさん具体的に想像してみなければ。そして何よりも練習しなくては。

青少年特別講義での質疑応答

Q　イ・ランさんの歌詞が好きです。私も歌詞を書いてみたくて、文章もたくさん書いたり、実際に言いたいこともたくさんあるのですが、なぜ私の書いたものは歌詞らしく見えないのでしょうか？

A　私はたいして物を知らなかったから歌を作れたのかもしれません。普段は音楽をわざわざ聴きませんし、だから何がいい音楽なのかというのも考えたことがありません。歌らしい歌を作らなきゃとか、ほかの人に聴いてもらえるようなといったことも考えず、ただ遊びながら歌を作り始めたんですね。

青少年あるいは一般人向けに作詞・作曲ワークショップをけっこうしてきたんですけど、いつも大事にしているのは「歌詞を書こうと思って書いてこないでください」ということです。「歌を作ろうと思わずにコードを組んでみてください」と。後で絶対変えることになるからそうしてくるように言うのですが、実はほとんど変えないんです。ただ強迫観念をなくしてあげたくてそう言っているんですね。

何かを作って発表するというのは、いや売るというのは、楽しいことばかりじゃないですけど、作っている瞬間だけでも楽しければいいなと思ってます。作りながらずっと「何か違う……」と思っているのって苦しいじゃないですか。だから後のことは後で考えることにして、作るときくらいは遊ぶような気持ちで作れたらと思うんです。「歌らしい歌を作らなければ」という強迫観念からはなかなか解放されにくいですが、歌を作っていると思わなければいいんです。私なんかはギターを弾きながら友人に昨日観たドラマのことを話して、いや歌ってあげるみたいな感じで遊んでいます。そうしているとギターを弾きながら歌を歌っているという意識がなくなってくるんですね。話をするのと歌うことの境界線を消していくともっと簡単に歌えるような気がします。

Q　それでは歌を作るときはあまり直さないのですか？

A　ものすごくたくさん直します。私の歌は歌詞が多いし、繰り返しの部分も少ないのでみんなからよく「どこで息つぎをしているのか」と訊かれます。セカンドアルバムに収録した「世界中の人々が私を憎みはじめた」の歌詞をたとえにとると、作るときは息つぎのことも考えずに夢中で作ったんですが、整えていく過程で息つぎの部分を作ったり、たくさん修正します。初めは、「世界中の人々が私を憎みはじめた」と書いたんですが、ここで「嫌い」にするか「憎い」にするかは最後まで悩みました。それから「帰ってきますように」を「帰って来ることだけを」に変えて、「聞こえたら」を「聞こえてきたら」に変えるといったふうに、また歌っては直すのに時間はずいぶんかかります。

私がすでにデビューしていることもあって、あ、イ・ランはこうやって「トルルルルピョン!」と歌が出てくるんだと思う人もいるのですが、まったくそうじゃありません。いつも記録してメモをして、また探して直して、また直してみて。さっきお話ししたようにギターを手にしてドラマの内容を話すときは何も考えずに、水車でも回すみたいに何時間でも遊べるのに、後になってこれを整理しないと三分の歌にならないということはわかってます。だから遊んでいる三時間を記録しておいて、後で資料として使えるものを探すんです。ともかく作る瞬間は自分をちょっと自由にさせておいて、プレッシャーを抱えず、三分の歌のことも考えないで、したいようにします。後になって整理する私に、後のことは任せるんです。作るのも整理するのも私なんですが。

Q　そうするといつ完成するんでしょうか?「これぐらいならいいだろう」という

基準はありますか？

A　「これぐらいならいいだろう」よりは「これならとりあえず問題ないかな？」に近い気がします。「これぐらい」については基準も人それぞれなので、すべての人の基準に合わせなくてはと思うと、限界を感じてそれ以上できなくなってしまいます。私はいつも人よりたくさん限界を感じてきた人間なので。今もそれは変わりません。

「机を替えたらほんとにうまくいく気がする」と何度も思って、とうとう机を替えたんです。そうしたら次は椅子を替えたらうまくいくような気がしてきて。机も最初は気に入っていたのに、ちょっと狭い気がしてきて、引き出しも小さい気がしてきて。そういうことをずっと考え続けていると、あるときふと自分でももやもやしてくるんですよね。毎月一定の生活費が出ていくけれど収入は一定していないフリーランス芸術労働者として、自分の作るものをさっさと売らなきゃいけない状況なのに、いつまでも机のことをごたごた言ってるなんてだめじゃないですか。もし自分に時間も資源も無限に与えられるとしたら、どんなものを作れるかわからないけれど、そういうのは夢物語みたいで想像がつきません。それよりも、いつも限界を頭におきつつ、限界があるからできない、というより「一瞬一瞬が完成でなければならない」という強迫観念を捨てようと努力します。今回足りなかった部分はフィードバックをもらって次に生かしていけばいいから。

私が耳にしたくなくても、人々は私の作品の足りない部分をすぐに指摘してきます。そういう話を聞いたときも、「あ、失敗した！」とは思わないようにして、次はその部分を補えるようトライしてみようと思うんです。

私も人も変化していく時間の中で一緒に生きています。だからこそ、最新作はすぐに前作になるのだし、また少しでも変化した私が次の作品を作ることができるのだと思います。実際は「いついつまでにやる」という約束を守ることで、その仕事は終わりにします。その約束を守らなかったら私は仕事のできない人になってしまうから。次のために「これなら問題ないかな？　もし問題があったら次は直そう！」と、そう思いながら手放すんです。

p.s　でも問題があまりに大きすぎたり、たくさんあったら、私に次のチャンスは与えられないでしょう。そのときは受け入れて、ほかの仕事を探すと思います。そういうふうに思えば、怖くもあるけれど、もしそんな大きな問題があったとしたら、創作を続けることにこだわることもない気がするんです。生きている限り、仕事を変えざるを得ないような失敗をするかもしれないし、そういう覚悟はいつもしています。

ただの存在なだけです

「MeTooのために」女性監督を呼んだだって？

#MeToo運動で多くの男性俳優、男性演出家、男性教授、男性作家たちが続々とソーセージのごとく告発されている。彼らの抜けた席に新たに女性人材が入る可能性を占ってみた。本当にその影響なのかはわからないが、最近監督をやってほしいという依頼が一つ二つと入ってきている。仕事ができるのは嬉しいから喜びのほうが大きいが、おといのドラマ制作会社の打ち合わせ以来、いろんなことを考えて複雑な心境になった。初めは誰か男性監督の穴埋めで私に仕事が入ってくることもチャンスだと思い、希望をもって打ち合わせに出かけたのだが、いざ制作者サイドに会ってみると、どうも何かがおかしかった。喩えるなら、現場にいた二百人の男性のうちたった一人の加害者が告発され、残りの男性人材はそのまま回っているところへ、たった一人、顔だけ女性の人間が投入されているような感じだった。どうやら、私がその雇われ女性監督にされそうになっていて、そのために今まで一度も女性監督と組んだことがないと頭をかく男性制作

者たちとの打ち合わせがセッティングされたらしい。

今まで一度も女性監督と仕事をしたことがないというのは嘘ではないようで、彼らは本当に「女性監督」との話し方すら知らないようだった。女性男性関係なく、監督と話をすると思えばすむことなのに、彼らがあんなにおどおどしている理由はただ「女性と同等の立場で仕事ができるのか、あるいはしてもいいのか」に対して彼ら自身が模索しているからだと思った。彼らは言わなくてもいいことをやたらと私に言ってきた。

「痩せてらっしゃいますね」

「監督というよりデザイナーとか俳優みたいですよ」

「雰囲気がありますよね」

そしていちばん言わなくてもいい言葉、

「僕はフェミニストじゃないんですが……」

というようなことを無意味に口にした。

果たして彼らは男性監督にもこういうふうに話しかけたりするのだろうか？　彼らと一緒に仕事をしても安全だろうか？　やはり危険だろうと思った。

少ないながらも「監督」として仕事をしてきて、女だから直面する状況というのが毎回生まれた。俳優のミーティング現場では、みんなが自然にいちばん年上の男にまず目を合わせて挨拶をした。一日に数十名に会えばみなが同じ行動をするのがおかしかったが、当然理由があるのだろうと思っていた。気を遣いまくった目礼が終わり、助監督やプロデューサーが私を「監督」だと紹介した後になってやっと「ええ!」「そんな!」といったオーバーなリアクションがあふれかえった。ある制作会社のプロデューサーは私に法人カードを差し出しながら「高級クラブはだめですよ」とおどけてみせた。さまざまな男性監督たちが法人カードで高級クラブに行くものだから、もしやと私にも前もって言っておくのだという。たいそう面白いジョークでも飛ばしたかのように、隣にいる男性たちも一緒に笑った。

毎回打ち合わせに先立って何を着るべきか、メイクはどれくらいするべきか、アクセサリーはつけようかやめようか、つけるならいくつにしようかと悩んだ。私にとっていちばん重要なのは「仕事をすること」なのに、どう見えるかについて毎回考えなければならないというのががしんどかった。でも、いつだって出勤すれば顔や体についてあれこれ言われた。

「もうちょっとしっかり食べたほうがいいですよ」

「お疲れみたいですね」

「化粧のりが悪いですね、お疲れなんですね」

「今日はノーメイクですか、昨日お疲れだったんですね」
「どんどん痩せていってませんか」

ある男性スタッフは、評価しているのではなく心配で言っているのだと付け加えた。うんざりするほど繰り返されるこうした言葉を聞き続けるのはつらかった。一緒に仕事している男性監督たちはキャップを目深にかぶってトレーニングウエア姿にサンダル履きで出てきていた。私が仕事に行くたびに聞かされる見た目についての話を、彼らが同じように聞くことはなかった。

現場で私は一度も怒ったり声をあげたりしたことはない。知人の男性監督たちが働く現場に応援がてら見学に行くと、きまって、これでもかといらついたり怒鳴り散らしているところを目撃した。彼らが怒ると、現場のスタッフたちは緊張してきびきび動いた。あるスタッフはこっそり私のほうに近づいてきてメンタルの疲労感を訴えたりもした。でも私には仕事はなく、その男性監督たちにはいつだって仕事が絶えなかった。

私が卒業した学校では「映画学科三大クレイジー女」と呼ばれる女の先輩たちの名前が出回っていた。なぜクレイジーと付いているのか尋ねると、こんな答えが返ってきた。

「ものすごい頑固だから」

「めちゃくちゃわがままで」

「たったそれだけの理由で？」と聞き返すほど情けない理由だった。現場で暴言を吐きものを投げつけ怒鳴り散らす男性監督はこんなにたくさんいるのに、女性監督は現場で「頑固で」「わがまま」というだけでクレイジーと言われてしまうとは。でも私もそう言われたくなくて、仕事のたびに気をつけていた。頑固そうに見えないようにしよう。大きな声を出さないようにしよう。怒らないようにしよう。神経質な人に見えないようにしよう。決められた時間を守って撮影を終わらせるために撮りたいカットも諦めた。一つのミスもせずに怒鳴らずに現場に臨むことが目標になってしまった。仕事の効率がいいとスタッフはみな褒めてくれたが、次の仕事は入ってこなかった。当時一緒に仕事をした俳優たちは数年経ってからも訪ねてきてくれて、次の作品を楽しみにしてくれたが、すぐに取りかかれる仕事がなくて面目なかった。

だから直近のいくつかの打ち合わせを成功させたかった。最初の挨拶に「痩せてらっしゃいますね」「監督には見えませんよ」「女性監督と仕事をしたことがないので、何から話せばいいかわからなくて」といったことを言われながらも、まるで褒められでもしたかのように笑ったりしていた。誰が見ても男性向けポルノだとわかりきったシナリオを受け取ったときも、「こんなのでもやらなければ女性監督の居場所がどんどんなくなるかもしれない」と思って、その場で断ったりはしなかった。すぐにでも活動名を「イ・ラン」とは別に一つ作って仕事を続けるべきじゃないかと悩んだ。結局、幾度となく悩んだ末に断る旨を伝えて、これからこの制作会社からは二度と仕事の依頼はないだろうと思った。やっぱりそうだった。いちばん長くやっていきたいこと、いちばんうまくやり遂げたいことは映画を作ることだが、もうすでに目の前は真っ暗だ。

○○監督（男）はこうやって
○○監督（男）はそうやって
○○監督（男）はああやって
映画を作ったという。
本当に才能のある監督たちだ。
参考までに、彼らはみな愛煙家だった。

私だって有名な愛煙家なのに・・

私の好きない素晴らしい作品を
たくさん作ってるこの制作会社に、
私はいま試されているのか？
これを断ったら
もうテスト不合格ってこと？
なんて答えるべき？

私とあなたの話

数週間前に講義を二つ始めた。一つは十九歳から三十代後半までの十三名が受講する音楽創作クラスで、もう一つは十二名の青少年を対象にした芸術関連のワークショップだ。青少年対象のワークショップは特定の作品作りが目的ではなく、芸術分野の進路相談や対話がメインだ。

二つの授業ではどちらも最初に自己紹介の時間をとった。このとき受講生たちは自分の性的アイデンティティや性的指向、恋愛的指向についてさまざまな言葉を使って紹介した。英語もあれば韓国語もあり、重複する言葉もあったようだが、自己紹介に受講生たちが使った言葉は次のようなものだった（必死でメモした）。

ジェンダークィア、パンセクシュアル、デミロマンティック、エイロマンティック、エイセクシュアル、パンロマンティック、凡性愛者、シスジェンダー、バイセクシュアル、レズビアン、ポリアモリー、モノガミー、両性愛者、ただの女性、とりあえず女性、ヘテロ。

彼らが自分を説明する言葉の中には、私が知っているものもあれば知らないものもあった。知らない言葉が出てくると私はなんなのか尋ねたし、短い説明を聞いたけれどそれでもまだわからない言葉もあった。普段、私は無知を恐れることはないが、受講生たちの話を聞いていると、私たちは共感したり、理解したりしながら、対話をしているのだと感じる。自分の性的アイデンティティ、性指向性、恋愛指向性を表現する言葉、生活環境を表現する言葉が徐々により明確になって、整理されるのが見えた。私もいまは同性の友人たちに感じていたロマンティックな感情を説明する言葉があるのだとわかるし、家族から逃げだした私を説明する言葉があることも知ったが、それでもなお、私を表現する言葉は以前とは変わらないと感じる。数年間、このノートを広げて「私は女性なのか、そうでないのか？　私はどんな性で呼ばれるのも嫌だ」と書いておきながら、私の状態をジェンダークィア、クエスチョナリー、エイジェンダー、トライジェンダー、ジェンダーレス、ニュートロイス、パンジェンダー、ジェンダーフルイド、バイジェンダー、アンドロジンなどの単語のうちの何かと繋いでみようともしなかった。このなまけぶりはアート生産職についている職業人としては反省すべき問題ではないだろうか。

ソウル、ポグァン洞に暮らす友だちの名前はモ・ジミンだ。ここまで書いてから、私は次の文章の主語で手が止まった。もともと書こうとしていた次の文章は「彼女の職業はドラァグクィーンで、ドラァグクィーンの名前であり彼女の持つもう一つの名前はMOREだ」だった。私はこの文章でモアを「彼女」と書こうとしたのだが、本当は「彼」とも「彼女」とも書きたくなかった。モアもたぶん私が「彼」とか「彼女」のどちらか一つで呼ぶことを望まないだろう。

モアに初めて会ったのは二〇一四年の秋だ。私は歌手Lのダンサーとしてステージに出る準備をしていた。弘大のどこかにあった地下のライブハウスの控室で、モアと初めて会った。私はLが私にくれた(彼曰く東京ドームの公演で着ていた)ラメのジャケットを着てサングラスをして控室でカメラマンと遊んでいた。その控室の片隅に、一言も発せず微動だにしない、見たことのないタイプのメイクをした黒いドレスを着ている「女なのか男なのかわからない」人が座っていた。その人こそがモ・ジミン/モアだった。私は、美しさで徹底して武装したその人に近づいてなんとなく「オンニ」と呼んでみた。モアは返事はせずに微笑んでいた。私はすぐLとステージに上がり、モアは控室にあるモニターで私が踊るのを見てから、ステージを終えて息を切らして帰ってきた私に、好意的な言葉をかけてきた。私の踊りが、どういう形であれモアに喜んでもらえたようで嬉しかった。誰にも理解されない存在の悲しみとさみしさを互いの踊りから感じ取ったせいだろうか、その日以降、私たちは互いに愛し合う友人になった（反対にLとはセクハラ事件ですぐに決別した）。

　私たちは会うとほっぺにキスをしたり、唇にキスしてはぎゅっとハグをする。お互いの前で下着を脱いで服を交換して着てみたり手を繋いだり腕を組んで通りを歩く。モアと一緒にいるとモアを姉さん（オンニ）と呼ぶ人もいるし、あなた（チャギ）と呼ぶ人もいるし、兄貴と呼ぶ人もいれば、お兄ちゃん（オッパ）と呼ぶ人もいて、ママ（オンマ）と呼ぶ人もいる。モアを初めて見た人たちの中には、ときどきその場で「女ですか？　男ですか？」と尋ねる人もいる。モアはどんなふうに呼ばれても返事をして、「女ですか？　男ですか？」という質問にはただ黙って笑う。モアは自分を「ただ美しくありたい存在」だと話すことが多い。

　モアと私がコーディネートを合わせてカフェで撮った写真が、ネットニュースで「イ・ラン、夫と一緒におでかけ」とあきれたタイトルで記事になったことがある。私たちの姿や関係を目にして混乱する人もいるのだろう。モアは美しくありたいというが、モアの子ども時代はいじめにあって、殴られて、侮辱されてばかりの日々だった。モアはその記憶にいまも苦しみ、自分の存在を「恥辱」と呪うことも多い。

美しくありたいと思いながらも、今までずっと誰かに自分を否定され続けてきた感覚は、私がフェミニズムに触れてさまざまな女性たちの話を聞いて受け取った感覚と似ている。社会で「同等の存在」として生きていきたい、でも数えきれないほど否定されてきた女性たちが語る話は、あまりにも尊い。そうした話の中に、感情移入して共感しながら、どんな声を出せるだろうかといまこの瞬間もずっと悩んでいる。そして、悩みとともにもっと多くのことが再び見え始める。


私の講義に参加した学生たちが自分の生態を正確な言語でさまざまに表現するとき、男女別になっている出席簿に違和感を覚える。それぞれのパートナーがいるモアと私が腕を組んで映画を観に行き、男・女で分かれたトイレの前で腕をほどく瞬間の違和感はいつだって私の胸をざわつかせる。

私はフェミニズムが「排除の言語」だとは思わない。フェミニズムは「共感の言語」「勇気の言語」だと思うし、フェミニズムを語るとき、話者が「女性」であることを証明する必要もないと思う。もっと多くの言葉でフェミニズムが語られるべきだ。

先週、青少年向けのワークショップが終わる前に、授業の評価用紙を配りながら性別欄の男・女表記についてどう思うか尋ねた。受講生たちからは、性別選択項目を一切なくすか、「選択しない」という項目を作ったほうがいいという意見が出た。結局私たちは性別欄に「選択しない」という項目を追加して、それぞれのペンで空欄を書き加えた。新しい世代が新しい言語で変えてゆく多くのことが、鮮やかに近づいてきていた。

ただの存在なだけです

二〇一七年十二月、セカンドアルバムであり本としてもリリースした『神様ごっこ』の朗読会ライブの前日。私とモア、それからステージで下働きをしてくれている俳優のウニ、この三人がライブ会場のブックカフェに集まってコーヒーを飲んでいた。突然モアが私たちの後ろのテーブルにいる年配の紳士の顔を見るやいなやびっくりした顔で、しかもめちゃくちゃ低い声で「あそこのあの人！　めちゃ有名な小説家じゃない！」と言った。私もウニもその紳士の顔をじっと見てみたが誰なのかまったくわからず、モア一人で興奮してじたばたしていた。私がものすごく有名な、なんという小説家なのかと尋ねると、モアは「ほら、あの人！　夕立、夕立！」と言ってそのものすごく有名な小説家の代表作を口にし、やっと私とウニも「ああ！　夕立の人！　ファン・スンウォンのこと！」と浮かれ始めた。

あのとき私たちは『夕立』の著者黄順元（ファンスンウォン）が二〇〇〇年に他界したことを知らず、私たちの後ろのテーブルに座っている有名な作家は似たような名前の別の人だということともまったく気がつかなかった。三人とも浮かれて、話しかけてサインをもらうことにした。もともと男性に近づいて話しかけたりするのが得意な私が先頭に立って「夕立の作家」のテーブルに勇敢に近づいていった。

私は、「先生、こんにちは！　失礼ですが私の友人が先生のファンなんですが、サインをいただけますでしょうか？」と言い、モアはタイミングを見計らって優雅に近づいてきて（サインをもらうつもりの）白いキャンバス地の鞄をテーブルの上に「そーっと」差し出した。作家は快くサインに応じてくれて、モアが差し出した鞄に「〇〇〇」という本人の名前三文字をとてもよく見えるように書いてくださった（いま思い出しても私がサインをお願いしながらその作家の名前を言わなかったのは本当に不幸中の幸いだったと思う）。サインを受け取ったモアは「こんにちは」「ありがとうございます」みたいなことを一言二言投げかけて、〇〇〇先生はモアの声を聞くと、頭をさっと上げて顔を見てから「え、女なのか男なのかわかりませんね、女ですか？　男ですか？」と訊いた。モアは先生のその質問にただ笑うだけだった。モアのサインが終わって、次に私とウニがサインをもらった。私は次の日に朗読する『神様ごっこ』のアルバムにサインをもらった。そうやってサイン会が終わりみな満足気に元の席に戻ったときに、若い三人にサインをして気分が良くなった（ように見える）先生が私たちにそのまま話しかけてきた。ところが、先生の言葉はさっきモアに投げかけた質問の繰り返しだと気がつくと、だんだんその場とその人の名前とその人が私にしてくれたサインまで含めて、いったいこれはどういうことだろう？　と思い始めた。
「いや、純粋に気になってあれなんですけど、女ですか？　男ですか？」
その質問が何度も続き、モアは当然笑って受け流していたが、その無礼な質問とモアのぎこちない態度に我慢ならなくなった私が、とうとう大きな声で代わりに答えた。

「ただの存在なだけですけど、先生！」

先生はその返事を聞くと、からからと笑いながら「あぁ、そうかあ、ただの存在！素敵な言葉だね。これだから若い人たちともっと付き合わなきゃならないね」で始まる、これ以上詳しく書きたくない話が続いた。私たちは煙草を吸いに行くふりをして鞄を手にして席を立った。その日、先生がモアの布鞄にサインと一緒に書いてくれた文章は「すべて過ぎ行くだろう」だった。

キスの練習とバスト採寸

生理が始まったばかりの中学生のときは、胸がふくらんで大きなブラをしている友人が大人っぽく見えた。いくら毎日寝る前にがんばって胸が大きくなるマッサージをしても、75Aサイズのままの胸を情けなく思っていた。親しい女友だちと放課後に集まって胸を見せ合ったり触ってみたりした。お互いの手の甲がべたついてくるまで唇をあててキスの練習をした。

「いまどうだった？　すごく上手にできたと思わない？」

私の手の甲に唇をそっとあてたり離したりを何度か繰り返していた友だちが顔を上げて尋ねた。私たちのキスの練習は、未来の男性パートナーのためのものだった。誰もがそう思っていたし、私たちが互いに抱く妙な感情についてそれ以上考えないようにした。キスの練習やバストの採寸を終えると、近所の好きなお兄ちゃんや、ボーイズグループのメンバーについて夢中で話した。そうして毎日互いの唇にキスするのが私たちの朝の挨拶だったし、交換日記でも足りず授業時間にこっそりメモを送り合ったりした。いちばん好きな友だちがほかの友だちと親しくなるのではないかといつも警戒して、互いの心を何度となく確かめた。

それでも、私たちが性的に結ばれる相手はいつも男性でなければならなかった。それ以外の愛について考えてもいいのだと知らなかったし、話もしなかった。私たちが読む本やドラマの中のカップルはみな男と女だったし、そこに出てくる女性たちと似たような体を手に入れないといけないと思っていた。友人たちの間では色白で、胸が大きく、背も高い、つまり本やドラマで描写される成人女性といちばん似ているルックスの友人が憧れの的だった。その子の胸は共有財産のように何度も触られ、私たちは一人ずつ抱きしめてみて将来その子のパートナーが感じるであろう満足感について語り合った。

「女を抱きしめると、こんなふうに胸がふかふかに感じるんだ」

隣で腕を組んでいるときに相手の腕に胸がふわっとあたるのが当時の私たちの考える、いい女の資質だった。そういう話をしていると、私は自分の体を否定しまくるしかなかった。なぜ、私たちの休み時間と放課後はそういう話で埋め尽くされていたのだろう？私たちが得意なこと、将来のこと、最近読んだ面白い本や観た映画、憧れる人について話をしなかったのだろう。

いつも似たような話ばかりして家と学校に閉じ込められている気分だった。どこかで新しいことが起きている気がして、それが何なのか知りたかった。想像するだけのキスやセックスも、さっさとしてしまいたかった。でも、この体で大丈夫かな？　この体を見せてもいいのかな？

家と学校から一歩出た世界では何が起きているのか知りたかったけれど、そこでは私に性的価値があるべきだと思いこんでいた。憐れで恥ずかしい時期だった。

それならなんで女と付き合うの？

小学四年生のとき、母に連れられて城南市(ソンナム)のニューコアデパートに服を買いに行った。その日私が選んだのは茶色のスラックスだった。その服をひと目で気に入って、もうほかの服は目に入らなかった。デパートの店員はそれは「男の子用」だと言って、服をつかんで離さない私を説得したが、私にはそんなことまったく関係なかった。結局、根負けした母と店員はその服をデパートの紙袋に入れてくれた。翌日すぐにその服を着て学校に行き、予想通りそれはみんなの目をくぎ付けにした（いや、くぎ付けにした気がする！）。私を見た先生や友だちが「男ものなんじゃない？」とかなんとか言ってきたが、そんなのはまったく重要じゃなかったし、私はその日学校で一番おしゃれな服を着た人にすぎなかった。数日後、ほかのクラスの男子が私のとまったく同じものを着て学校に現れた。それで私のも完全に男の子用だということが証明され、私は恥ずかしくていたたまれなくなった。当時私が自分のことをどう思っていたにせよ、私は学校では女子に分類されていたからだ。その日以降、二度とその服は着なかった。

私は自分の女性性をかなり小さい頃から否定してきた。母が私を妊娠したとき、男の子と確信したから産むと決めたのだという話をずっと聞かされてきたし、子どもの目にも、どこに行っても中心的な役割は男性が担っていたのは明らかだった。子どもの頃、母についていった宗教の集会では、ステージでマイクを握っている人はいつも男だったし、さまざまなイベントを主催し司会をするのも男だった。だから私も近所のお兄ちゃんたちにまざって、中心的グループに仲間入りしようとしていた。そんな私を年上の女子たちが槍玉に挙げて陰口を叩いても必死で気にしないようにして、男子のグループに最後まで居座った。家系なのかどうか知らないが、私も、そしてうちの姉もいつも集団では目立つ存在じゃないといけないと思っていた。勉強であれ、ゲームであれ。二歳上の姉はいつも成績も全校一位、二位で、級長や生徒会長もまかされ、私は毎年クラスのレクリエーション部長だった。いつの時代も会長や部長はどこへいっても堂々としているもの。だから私もいつも大きな声を出して大声で笑い、悪態もついた。四年生のときに買ったあの服はもう着られなかったけど、男みたいな服を着て男子と仲良くするのは私の長所だと思っていた。そんな威勢のいいレクリエーション部長として学校生活には何の問題もなかった五年生のある夏、初めて同じクラスの男子に顔を蹴られた。その日、あごが曲がるほど激しく蹴られて私の口からは血の混じった唾がだらだら流れた。その子は私の顔を蹴った理由を、私が「でしゃばるのが気にいらなかったから」と言った。口の中に血がたまってろくに話せない状態で泣きながら悔しさを訴えたが、先生は私の目の前で必死で事態を丸く収めようとした。加害者の子は翌日インディアンパブ(お菓子の名前)一袋を謝罪代わりに私の机の上に置いた。その頃の私自身を思うと、いつも男っぽくしようと無理していた気がするが、それでも毎年男子たちから「結婚しよう」というとんでもない告白を手紙でされていたものだった。まわりで誰かが付き合いだすときまって「男子♡女子」という組み合わせで、女子はボーイズグループを、男子はガールズグループが好きだった。ときどきガールズグループを好きな女子や、BL漫画を読んでいる女子もいたが、それほど多くはなかった。

キャップに半ズボンで暴れていた小学校時代を終えて、入学した女子中では、中性的な友人が人気だった。制服のスカートもよく似合うが体操着のときのほうがかっこいい友人がクラスで一番人気で、ショートカットに背の高いバスケ部の友だちに代わりばんこにハグしてもらうのがクラスで流行っていた。お互いに上着をまくしあげて胸のふくらみを比べてみたり、何人かで一人を床に寝かせてスカートやストッキングを脱がせる遊びもしたことがある。運動場ではバスケットボールもドッジボールも杭打ちもゴム飛びもすべてやった。あの当時一番親しかったジョンアという友だちと私は、朝、学校で会うとまず唇にキスしてお互いに「どうかしてる〜」と言ってふざけあった。でも私たちの中に「レズビアン」や「同性愛」という言葉を知っている子はいなかった。

いまになって思い出してみると、いつも微妙な雰囲気が漂っていた女子中生活は、私たち家族が山本(サンボン)のニュータウンに引っ越し男女共学に転校することになって終わった。小学校のときとさほど変わらない男女共学の中学校生活は、女子中で一年過ごした私のレベルには合わなかったものの、驚くほどすぐに馴染んで、休み時間のたびに「叩いて逃げてった男子を追いかけて捕まえる」という遊びをしていた

まったくレベルアップしない中学校生活が終わり私は（二週間で中退したとはいえ）高校は女子校に進んだ。その一瞬の女子校生活で初めて「レズ」という言葉を学んだ。同じクラスに他校の女子と付き合っている子がいたからだ。そのとき私がその子に質問したことをいまだに覚えているが、いま思うと恥ずかしくてたまらない。

休み時間にそのレズの友だちに尋ねた。

「二人でいるときって、何してるの？」

「カフェ行ったり、映画観て、カラオケ行ったり」

それを聞いて私は「なんだ〜。ふつうの友だちとやること一緒じゃん」とがっかりしたような口調で言って、その子は「そうだよ」と笑った。それから私が本当にそう言ったのか、後になって作り出した記憶なのか定かじゃないが「それならなんで女と付き合うの？」と尋ねた気がする。


そして私は、二十六歳のときに初めて女友だちから告白された。

その友人と私はカフェに行って映画を観て、よくご飯を一緒に食べた。夜通しおしゃべりしていても退屈しなかったし、毎日会っても飽きなかった。しまいにはその当時付き合っていた彼氏といるのよりも楽しかった。外国人だったその友人が国際人権団体での一年間の勤務を終えて本国に帰る前までの三週間、私の家で一緒に過ごした。その夏、クーラーもない私の部屋で私は下着姿で眠り、友人は私のベッドの下で寝た。

そんなある日、友人が「家で寝るときは何か着ててよ」と困った顔で言った。私のことが好きで、私に触れたくなってつらくなると告白した。私は驚いたことを悟られたくなくて、すぐさま冗談を言っていま聞いた話を流そうとした。その友人と毎日、毎日、こんなに楽しいのに、そこに性的な関係が入り込むことは考えてみたこともなかったから、あえてそれ以上考えないようにした。ただ混乱したシチュエーションを避けたかった。その友人が帰る日まで、家の中ではもう少し気を遣って露出の少ない服を着て、私たちは今までみたいに一緒にカフェに行き映画を観てご飯を食べ続けた。友人が帰国する前夜に、食卓で向かい合って座った私たちは、約束でもしたみたいに言葉が少なかった。この別れは今までの別れとは何かが違うと感じていたが、友だち以上にもっと親しくなるんだと決めたわけでもなく、なんて言えばいいのかわからず戸惑っていた。友人がもう寝るからと立ち上がる前、最後に私にもう一度思いを伝えてきた。

「私の気持ちわかってるよね？」

私は「うん、わかってる」と答え、それ以上は何も言わなかった。その後、食卓の椅子に長い間一人で座っていた。しばらくしてから部屋に入って友人が横になって眠っているのを静かに見下ろしていた。ベッドに横になってなかなか眠れないまま「明日別れるとき、サヨナラのキスできるよね」と思い、いや、心に決めていた。でも朝になって起きると友人が寝ていた場所はきれいに整理されていて、友人も荷物も見当たらなかった。驚いて家の中を見渡すと、食卓にブラウニーの包装紙が置いてあるのが目に付いた。

私たちが毎日のように食べていたブラウニーの白い包装紙には「起こして別れの挨拶するのはつらいから」と書いてあった。ブラウニーのかけらがところどころについているその書き置きを読んで私はわんわん泣き出した。キッチンで何時間も泣いてかなり後悔した。好きだという気持ちを正直に言えなかったこと。今まで同性を恋愛対象として考えたことがなかったという理由で、一緒にいるときに自分の気持ちを伝えられなかったことが何よりも悔やまれた。三週間の同居生活で、友人をずいぶん傷つけたかもしれないと思うとかなりの罪悪感も覚えた。友人が発った後になってこんなに別れがつらくなるとは思わなかった。その友人との出会いと別れ以降、自分の考え方やアイデンティティが大きく揺らいだ。いまはその揺らぎを避けずにもっとたくさん考えながら生きている。その揺らぎをもたらしてくれた友人のことが恋しいし、感謝している。

それ男もんだぞ

ほら、男もんだろ！！！
そうだよ

ちっ！

うわああああん、お母さーん

機能する体

私は本当はおしゃれするのが好き
誰も知らないうちにこっそりと
でも誰かに聞かれるととぼける
私はなんでこうなのか
幼いころから姉さんはもっと綺麗だった
小顔ですらりとした西洋系の美人
それでいつからか私がおしゃれしようとしたら
不細工な子がおしゃれするって大人たちはからかう
だからこうした
綺麗だねと言われると
それだけで　じゃあ付きあおうと言った

そんなこんなで今まで彼氏が
一人二人三人四人五人六人七人八人…
私なんでこうなっちゃったのか？
だから私にやたらに
男関係が複雑だとかなんとか言わないで
よく知らないくせに　知らないくせに
私って可愛い？　どこが？　本当？
じゃあつきあう？

（イ・ラン「よく知らないくせに」より）

異性愛、それから性愛中心の思考で生きてきたという点を省みるようになってから、この歌を歌うのが嫌になった。

かつては、男性パートナーが私を可愛いがってくれること、すなわち自分に価値があることだと思っていた。それ以外の人生について知らなかった。可愛いがられないということは、価値のない人生ということになるから、恋愛を休めなかった。まわりから

「恋愛を休んで一人でいてみたら」と言われても、怖くてできなかった。私一人では自分の価値を感じられなかった。したいと思うこともあったけれど、大抵はしなきゃいけないという義務感で男性パートナーと性関係を結んだ。そんなにしょっちゅうしなくてもいいし、したくなかったらしなくてもいいと気づくまでにずいぶん時間がかかった。この行為でなければ私を証明できないように感じていた。

ポルノでも大勢の女性たちがレイプされていた。そういう女性を制作する人たちと消費する人たちの誰もが、女性がレイプされる設定が好きなのか、気になった。私にとって、楽しくて満ち足りた性関係とは何かわからなかった。そういう経験が一度でもあったのか思い出せなかった。そうやって理解できない行為を今までずっと続けてきたということにがっかりした。男性パートナーに認めてもらおうとしていた行為の一つひとつすべてに吐き気がしたし、それをしてきた自分自身にいちばんぞっとした。

誰かに触れられるのが嫌になって、一緒に住んでいるパートナーと一切のスキンシップができなくなった。性愛を基本とした関係はすべてだめになって、他人の関係を目にするのすら嫌になった。映画やドラマで誰かがキスをすると吐き気がした。セックスのシーンは言うまでもなかった。友だちから恋バナを聞かされるとその友だちが嫌いになった。世の中のあまりにも大勢の人が、いつまでも恋愛話を続けていた。孤独だった。

私が以前書いた文章と歌が遠いものに感じられて嫌だった。ムカついた。ファーストアルバムのタイトル曲「よく知らないくせに」も同じだった。自分のことをなぜこんなふうになすがままにしておいたのか。自責の念に苛まれ続けた。誰かに触れられるための体だった自分の体を再び認識するまでには、長い時間がかかった。

体って何なんだろう。ずっと考えてきた問いだ。腰痛のせいで病院でリハビリを始めて以来、体について改めて考えるようになった。機能としての体、機能する体。私がしたいこと、しなくてはいけないことのために共にある体。

腕と脚、腰とおなかに力を入れる方法を習っていった。よけいな力が入りすぎていた体をストレッチでほぐした。緊張を与えてはほぐしてを繰り返し、機能する体として私の体を少しずつケアするようになった。ピラティスの先生の口から出てくる筋肉の名前や運動の名前をいくつか覚えて、家に帰ってきてから一人でまねしてみたりもした。運動をしている最中に先生が私の体に触れるのは、とても嬉しかった。運動を始める前に先生が私の痛い部分をマッサージしてくれて、きつい筋トレを終えるとまた運動した筋肉を触ってくれた。その時間だけは、私の体に触れる手があっても嫌じゃなかった。

訳もわからず闇雲にセックスに集中していた時期も、すべてのスキンシップをやめて他人に触れさせないようにしている時期も、パートナーは一人だった。幸い彼は、私が混乱している時期を静かに見守り待っていてくれる人だった。性愛に幻滅して、ひいては自分の持つ女性性が嫌で胸を除去する手術をする、あるいは性転換する、と言ったときも、彼はただ「したいようにすればいい」と言ってくれた。性転換を考えてみたが、「男性」という性を持ちたくなかった。できることなら、どんな性別にもなりたくなかった。そういう手術はありえるのか知りたかった。

リハビリを通じて機能する体を見つめるようになってからは、変わらなくてはというプレッシャーもあまり感じなくなった。「小さい胸」と長年呼ばれてコンプレックスでしかなかった私の胸も、性器にも、特別な意味をおかなくなった。だからといって自分の体を好きになったのかどうかは、いまだにわからない。パートナーが再び体に触れるようになるまでにも時間がかかった。マッサージをしてもらうという行為を通じて少しずつ、彼が私に触れるようになった。マッサージの最中に少しでも性的な雰囲気を察知すると、怒ってすぐに中断した。どんなスキンシップにも性的な意味が生じてはならなかった。

いつだったかミュージシャン仲間に、私が歌わないレパートリーについて話をしていたとき、彼は「よく知らないくせに」が、いわゆる異性愛だけを追いもとめた情けない歌だとは思わないと言った。むしろ私自身の心の迷いを語っていて好きなんだとも。その話を聞いて「また歌ってもいいのかな」と思ったけれど、この数年ステージで歌ったことは一度もない。でも、そう話してくれたミュージシャン仲間の言葉はずっと記憶に残っていてありがたかった。

機能する顔

機能する体について意識するようになると、機能する顔についても考えるようになった。今までは公演で「ステージ」に立つ日は絶対にメイクをした。それもかなり濃いメイクを。本番前に一時間以上はメイク時間を確保していた。控室で女性メンバー同士互いにメイクをしてあげたり直してあげたりした。どんなコンパクトがいいのか、どんなグリッターが新しく発売になったのかコスメ談義に花を咲かせ、一緒に海外に出かけるときなどは、どんなに時間がなくても免税店で化粧品を一つでも多く買おうと走り回った。

観客が見たいものはいまのありのままの私じゃなく「着飾った、もっと素敵な私、完璧な姿の私」だと信じて疑わなかった。観客に聞いてみたこともないくせに、なぜそう思ったのかわからない。でも、インタビューを受けてもメイクを一、二時間ほどしてもらってから写真を撮ったし、出来上がった写真が「素敵だ」なんて言われることもあるので、ステージの顔は日常の顔とは違うべきだと信じていた。

　機能する体と機能する顔でもって私自身を見つめなおすにつれ、メイクについての考え方が変わってきた。ステージも機能という観点でもう一度考えてみると、その形態と照明、使われ方を観察できる。音楽を聴くために集まった人たち、演奏者がよく見えるように客席よりも高い位置にあるステージと照明、声がよく伝わるよう客席に向けられたスピーカー、演奏者たちが自分の出す声を確かめられるよう設置してあるモニタースピーカーなどのことだ。そして、音楽を聴きに来る人と、音楽を演奏する人の間にある約束のことを思うと、私は自分の役割をまっとうするために何をするべきなのかまた悩んでしまった。その約束には金銭取引も伴うから販売者としての私は「がんばって売らないと」いけない。でもその売るもののなかに「メイクで着飾った顔」が必要なのかどうかについては、いまは「必要ない」と思う。

　でもステージの上は客席や日常の生活空間よりはるかに照明が強く顔が光で飛んでしまうので、より鮮明に見えるためのメイクをする。そんな中で撮影した写真を見たら、いつもの私の顔と変わらなかったので、以前のように「やっぱりメイクできれいにしないとだめな顔」とはあまり思わなくなった。機能としてメイクはするが、そこにかける時間も確実に短くなった。おかげで前に別のことができる。例えば「食事をする」。以前はメイクのために時間に追われて食事もまともにできなかった。

　公演でなくとも、初対面の会議や打ち合わせのとき、今までだったら「やっぱりメイクしなきゃ」と思っていたかもしれないが、いまは機能する顔のことを思って、清潔な身なりにだけ気を遣う。人と会うときにいちばん気を遣うのは、何よりも清潔感だから。相手への配慮を忘れずにかつ自分は自分らしく。寝ぼけまなこにぼさぼさ頭ではなく、きちんと整えた身なりで出席するのだ。あくまでも自分らしいと思えるレベルに、私は自分の体と顔を整える。

　こうしたさまざまな変化が私をより健康にしてくれている。それでもなお、相変わらず私が私に満足し、私が私を愛し、私が私を褒めるのはとても難しい。私が私を見守ってあげる、ぐらいがいいのかもしれない。

機能する髪

二十代のときも何度か髪を短くするにはしたが、三十歳で髪を切ったのとは正反対の理由だった。二十代のときは「新鮮なショック」のために髪を切った。当時付き合っていたパートナーたちは私が髪を切った日は必ず性関係を持ちたがった。まるで別の人と付き合っているような気分を演出できるイベントだった。私だって髪の毛でそういう新鮮さを出せるというのが嬉しくもあった。

三十歳で髪を切った理由は当時のパートナーから暴力を受けたからだ。その前に付き合っていたパートナーたちからもモラハラなどを受けた経験があるにはあったが、物理的に暴力をふるわれたのは初めてで、そのショックはものすごく大きかった。そのときになってやっと私は、こういう暴力に遭うのは「女性だから」だと感じるようになり、社会からひと目で女と認識されてしまうロングヘアとファッションをやめた。髪を短く切って最大限「女性らしくない」服を選んだ。デニムにメンズのシャツなどを合わせて着た。女っぽくならないようにするためには男物の服を着なくてはならないのか？　と疑問が湧いたが、まずはそうした。友人は冗談っぽく私のことを「オッパ（お兄ちゃん）」と呼んだ。

髪を短くするにはしたが、それが機能して私に安らぎを与えてくれたかどうかというと、説明するのは難しい。シャンプーの使用量と髪を乾かす時間は減ったが、ショートヘアをキープするために美容室に行く回数は確実に増えた。また私の髪の毛は量が多く太いせいで、スタイリングするには朝起きてすぐ帽子をかぶってしばらく落ち着かせなければならなかった。一つにまとめて結べるロングヘアのほうがずっと手がかからなかった。夏は襟足が暑くて冬は寒い。仕事のときは耳にかからない前髪が下りてきてわずらわしい。目の前に落ちてこないように長いハンカチでヘアバンドを作って結ぶ。おかげでいつの間にか首筋にしょっちゅうニキビができる。結局、目の前に落ちてくる毛はすべて上げてゴムで結んだ。頭上に噴水でも吹いているクジラみたいになった。最近は数年間短くしていたのを少しずつ伸ばしている。とはいっても相変わらず耳の後ろにかかるかかからないかぐらいの長さだ。目標は一つに結べるようになるまで。二十代のときに撮ったアルバムジャケットのようなロングヘアはいらない。機能的に一つに結べればいい。

しばらくの間「女性らしく」見えないように気をつけていたファッションも、少しずつ自分がリラックスできるスタイルに変わってきている。メンズのシャツをしょっちゅう買っているうちに、いつのまにか選ぶ服のラインもゆるくなった。上着の幅が大きくなるにつれてコートの幅も広がった。それに合わせてボトムスの幅も広がって、今では私の持っている服はたいていてい以前の服に比べてワンサイズ以上大きい。ピラティスをするようになってから、ワークアウトのときに力の入れ具合がちゃんと目に見えるタイツをよく着る。最初は運動のために着替えるのが億劫で家からトレーニングウェアを着て出かけるようにしていたが、今では運動しない日もずっとトレーニングウェアを着ている。クローゼットを見てみると、公演のときに着るステージ用衣装（普段着るには素材が薄くて、着心地も悪くてしわになりやすい服）じゃなければトレーニングウェアしか残っていないようだ。靴もステージ用の靴（白や黒の、履き古した感じのしない靴）じゃなければ、普段履きの汚れたスニーカーだけ。夏は毎日スリッパ履きで、公演のときはサンダルを履く。

以前は見た目に執着するほど服を買い集めることにこだわっていた。ワンピースだけでも八十着くらいあるのが自慢で、その数字をいまでも覚えている。服をかけるために二段ハンガーと一段ハンガーを二つ。引き出しも別にたくさん持っていた。いまの変化が環境にも私にもいい方向だと信じたい。

機能する名前

私の名前はイ・ランだ。漢字だとすもものの李（イ）・早瀬の瀧（ラン）で、英語ではLang Leeと書く。でも海外の友だちは私の名前をハングルの発音通りE-Ranと呼ぶ。一九八六年にできた私の名前は二〇二〇年の現在まで有効だ。母は私をランランイ、タルランイと呼んだりもする（訳注：名前の後に「イ」と付けるのは親から子どもへなど親しい間柄で使う表現の一つであり、また語調を整えて発音しやすくするためでもある）。子どもの頃友だちからもよくランランイと呼ばれたし、小学生の頃から恐竜というニックネームがついたせいで恐竜（コンリョン）とランを合わせてコンランと呼ばれたりもした。大学に入って知り合った同期のオンニたち、それに友人たちはふつうに苗字を取り払って「ラン」と呼んだ。アルバムを出して音楽活動を始めてから、社会に出て知り合った人たちは私の名前を本名だとは思わなかったようだ。芸名だと思われて「イラン」と呼ばれた。後ろに「さん」とか「様」はなかった。一人で活動するときもバンド活動のときも、同じように「イラン」と呼ばれた。「イラン、スタンバイしてください」「イラン出番です」と言われると、五人が一緒にステージに出て行った。

苗字を付けたフルネームが芸名のように呼ばれ始めた直後は何も考えていなかったが、「イラン」と呼ばれ続けて「ラン、ラン」と呼ぶ人たちが片手に満たないほどになると、不安になった。「イ・ラン」という音がすなわち私を意味するということが不思議に思えてきたのだ。なのに私は「イ・ラン」をどんな人たちが消費してどう語られているのか知りたくて、しょっちゅうネットで検索する。人々の話題に上り、文字で書かれる「イ・ラン」はそのまま私なのか？　その文字と音が私のアイデンティティということになるのか？　そうじゃないのははっきりしていたけれど、どこでもそう呼ばれていた。この不思議な感覚ってなんだろうとずっと悩んでいた。

「呼ばれる名前」には、まるで絶対量があるみたいだった。名前が消費されすぎると、その意味は退色していくのではないか。そうやって考えるうちに急に「イ・ラン」と呼ばれることにもやもやしてきた。私の名前のもつ絶対量がもうほぼ消費されたような気がして、名前を変えようかとも思った。一人であれこれ名前をつけてみたり、ある日など友だちに「今日から私のこと○○って呼んで」と頼んだりもした。友だちは違和感を覚えながらも何回か頼んだ通りに呼んでくれたけれど、そんなふうに呼んだり呼ばれたりするのもイマイチぴんとこないとお互いに感じて、新しい名前もやめた。

それなのに相変わらずこのもやもや感、このわだかまりの答えを見つけられなかった。まず私といちばん近い友人と作業室の同僚たちに「ラン」と呼んでくれと言ってみた。そうしてでも「イ・ラン」と呼ばれる日と「ラン」と呼ばれる日のバランスを取れたらましになるような気がした。ずっと私を「イ・ラン」と呼んでいた作業室の同僚や友人は私を「ラン」と呼び始め、少し時間が経つと本当に心が軽やかになった。

「イ・ラン」という音には「労働と社会」の意味が重たくのしかかっていたような気がする。「ラン」と呼ばれているときにはない疲労感と重み。「ランちゃん、ラン〜、ランラン」という音にはさみしさと楽しさと悲しみがあった。外に出なくても、見知らぬ人たちに顔や声や体を露出していなくてもいい安心感が「ラン」にはあった。

「イ・ラン」と「ラン」のバランスを取ろうとして以来、仕事をするときの私と一人の人間としての私を意識するようにしたらちょっと楽になった。人々の前に立って労働を終えると私は「イ・ラン」を脱ぎ捨てて「ラン」に戻る。ステージ前に控室まで時間をチェックしにきたスタッフに、「まだイ・ランを作ってる最中」と答えたりもした。ところで「イ・ラン」が仕事をしている間、「ラン」はどこにいるのだろう?

私の旗には

東京でラッシュアワーにスーツケースを持って地下鉄に乗ると、罪人になったような気分になる。他人に迷惑をかけないようにする国民意識が強い国だからよけいにそうなのだろうか。スーツケースを手にして地下鉄に乗った私はみんなに迷惑をかけているのだろうか？　でも人々は、一人の人が占められるスペースは「荷物のない人が手足を自由に使えるぐらいの空間」だと思っているようだ。荷物の多い人、車いすを使う人、妊婦、体格のいい人などはなぜ「迷惑をかける人」になるのだろうか。「みんなが使う公共の交通手段」という言葉が泣く。「みんな」の意味をみんなが錯覚しているのではないか。

今日、リムジンバスに乗って空港に向かう途中、窓の外に、行き先のわからない幅広のトラックを見た。トラックの車体に白い旗が数十個並んで立っていた。白い旗にはそれぞれ自動車会社のロゴが入っていた。それらの旗を見ながら、「旗というものの意味は何か」考えた。
旗。二〇一六年冬、光化門の通りで旗を手にして出てきた人たちを羨ましく思ったのを思い出した。好きな言葉を大きく書いた布を長い棒に巻きつけ、それを高く掲げて歩く人々。大きな布に好きな言葉を書くとしたら私はなんと書くだろうと、彼らを見ながら幾度となく想像していた。あのとき正確に何を書こうと思ったのかは思い出せないが、すぐに浮かんだのは「ジュンイチ」だ。私が愛する生物。この世に存在しなくなる日を思うと、ただ苦しくて苦しみだけが残る名前。私の猫の名前だ。光化門の通りで大きな布にジュンイチと書いて長い棒に結んで歩きたい。鞄にバッジを付けたり人形を付けたりするときもそんなことを考える。人々は鞄に付けるアクセサリーで何かを語っていると。私も何かを語りたくてそういうものを付ける。今日はナツさんが作った黄色い人形をリュックに付けた。今回の旅を最後まで元気に終えたくて、お守りのようなつもりで付けた。

　鞄にバッジを付けたり外したりするが、いま付けているバッジは今年クィアパレードで買ったものだ。“Gender is here ↑ , not here ↓（ジェンダーはここにいる↑　ここじゃなく↓）”という、文章と矢印二本が書かれているバッジだ。ジェンダーは「生殖器」の問題ではなく「マインド」の問題だと教えてくれるバッジだ。多様な性的アイデンティティと指向を持つ友人たちが増えるにつれて私の知識も広がっている。ものすごく少しずつ。混乱するものも多いがいくつかの新しい視線と地平を見つけながら成長していると感じ、自分でも満ち足りた気持ちになることが多い。本当は満ち足りるというよりも「面白い」という言葉を使いたい。私が知らないことを教えてくれる、自分の経験を語ってくれる友人たちのおかげで面白くて、ありがたい。

女性同僚を探して

今日は女性ミュージシャン五人が集まる会議に行ってきた。よく考えてみると、こうした集まりは以前はほとんどなかった。仕事をしていると相手が男性のケースが大半だった。音楽活動を始めた当初入った集まりも、これといって性別制限があるわけじゃなかったが、九〇パーセント以上が男性だった。無名だったため公演やイベントの声がからず、「音楽配達」というコンセプトで（私含む）五人のミュージシャンが中華のデリバリーみたいなチラシを作って電話がかかってくればどこであろうと演奏をしに出かけた。そのときも私以外の四人は男性ミュージシャンだった。日本で活動を始めて最初に付き合うことになった友人も男性ミュージシャンだった。彼の紹介でインディーズのミュージシャンたちが集まるカフェ兼バーに出入りするようになって知り合った友人も大部分が男性だった。彼らの付き合っているパートナー数人と知り合いにはなったけれど。

日にちを数えてみたら二〇一九年は三百六十五日のうち七十九日海外にいた。遊びに行ったのは一度もなく、どれもみな公演のスケジュールだった。単独ライブをするときもあったが、共演も多く、対談イベントもいくつかあった。それも相手が男性の場合が九〇パーセント以上だった。ミュージシャン、演劇演出家、写真家……、一年間たくさんの男性クリエイターたちと知り合い、友人になり、互いに刺激しあう仲になった。でも、いつも疑問が浮かんだ。相手が女性のイベントがなぜないのだろうか？ いつだったか、通訳で同行した友人に「どうしていつも相手が男性なのかわからない。この国には女性クリエイターはいないみたい」と言ったこともある。

共演者に女性が登場する場合もまれにあって、そういうときは嬉しくてすぐに親しくなりたくてあれこれ話しかけたりしたものだった。でも、そう簡単に親しくはなれなかった。もしかしたら私の出会った人が慎重な性格の人ばかりだったのだろうか。一般化しにくくて説明も難しい。また一般化してしまうようだが、音楽だけでなく私が活動してきたさまざまな分野で、望む望まないにかかわらずごく少数の女性たちを「ライバル」の構図でとらえることに、私も多かれ少なかれ同調してきた。同僚のうち大部分を占める男性に認められることが生きる道だと考えて、彼らが認める「ほかの女の子たちとは違う」女の子になりたかった。でも、私が先に群れを作るのはとても難しかった。

女性同僚たちの間では「男たちとばかりつるんでる子」だったし、男性の群れでは私が男じゃないからリーダーシップを取りにくかった。変わった子、イカれた女、かかわらないほうがいいキャラとして認識されることがむしろ気楽だった。それでもあまりマッチョじゃない男性たちの群れの中で番長みたいにしてることが多かった。マッチョの鎧を着た男性と向かい合うと、逆にその性向を利用したりもした。いきなり「オッパ」（訳注：妹が兄を呼ぶ呼称だが、恋人同士や友人などでも女性が年上の男性を呼ぶときに使う）としてマウントを取る男性には「そうだねオッパ、私よく知らないから、あなたがあれもこれも全部してください」と言って責任を転嫁するようなやり方を使った。韓国で活動していて、やはり無名時代に四、五バンドがちょっとずつ出演する公演に呼ばれていたので、女性ミュージシャンたちに会う機会もときどきあった。でも、すでにつるんでいた男性ミュージシャンが多かったせいで、あえて近づいて親しくなる機会を作ろうとは思わなかった。

いまになって思うと、もったいない日々だった。誰もがフェミニズムを勉強して反省し、誰かは過ぎた過ちでもって活動を中断した。声にならなかった声をあげるようになって少しずつ変化が起きて、私にも大きな影響を与えた。いちばん大きな変化は、また女性同僚と会う機会ができたことだ。「江南駅殺人事件」（訳注：二〇一六年、ソウル江南駅付近のカラオケ店の男女共用トイレで二十三歳の女性が無差別殺人に遭った事件）以降、女性たちが主催する集会で歌を歌った日は、私にとって重要な日になった。当時私は身近な男性の暴力とストーキングのせいで外にあまり出られなかった。集会に出かけたかったが、それすらも勇気が出なかった。でも、主催者側から歌ってくれと呼ばれてとても嬉しかった。その人たちの前で歌ったら、その場で私の顔と姿を見た人たちがほかの場所で私を見ても私を守ってくれるような気がした。いっそのこと一人で静かに集会に参加するよりも堂々と顔を出して歌うほうが安全な気がした。でも、やっぱり怖くてボディガード役に男友だちを二、三人連れて会場に向かった。

数年後、同僚女性ミュージシャンにその日のことを聞く機会があった。当時同じイベントに招待されていたけれど勇気がなく悩んだ末に断り、後になって私がその場で歌ったことを知ったのだそうだ。それからは「私だってやってみせる！」と勇気を出せるようになった、あのとき出てくれてありがとうと話してくれた。その日私たちは地方公演で共演した後だった。その前日にソウルで芸能人のソルリとク・ハラの追悼集会が開かれた。その集会で歌を歌ってほしいと言われたが、当時私は翌日の地方公演のための列車のチケットを購入済みで参加できなかった。私に「江南駅殺人事件」集会で歌ってくれてありがとうと言った同僚ミュージシャンは、その日そのイベントに出席して歌を歌ってから、翌朝の列車で地方にやって来た。歌ってきてくれたことが私にはとてもありがたかった。これがほんとうの同僚に出会う気分なんじゃないかと思った。韓国でも、よく訪れる日本でも、もっと大勢の女性同僚に会いたい。

女性　シンガーソングライター　LIVE！

女性　作家　サイン会！

それでは監督に
ご登壇いただき、
客席の皆様と
対話していただきます

ようこそ
こんにちは

うそー　女だったの？
女？　みたいだね
うわっ　女？

お前は俺を怒らせる

#MeToo運動が始まりさまざまな人の話を聞いているうちに、多くのことを思い出した。もう少し若かった頃、それよりもさらに幼かった頃に私と男たちの間に起きたさまざまな権力関係やセクハラ、暴力といった、彼らにとっては好意で片付けられても私には嫌悪感として残ったいろんなことを。

初めての彼氏ができる前、十七歳だった私の唇は、当時私が働いていた有名雑誌のデザイナーのおじさんに奪われて、それを見て一緒に笑っていた人たちの顔も、そのおじさんの分厚くてぬめっとした唇よりもっと気持ち悪かった手もすべて覚えている。

中学校の夏休みに、田舎の父方のおばあちゃんに泊まってくるようにと言われた近所の人の家で夜通しパンツの中に入れられた手や、同じマンションの下の階に住んでいて、エレベーターで二人きりになると自分の下りる十四階に着くまでずっと私を抱きしめてお尻を触ってきた男子高生の手、中退するまでの二週間、女子高のグリーンの制服を着てバスに乗ると、ぴったり横にくっついてスカートの上から太ももをさすってきた男の手。そんな昔のことをなぜ覚えているのかと訊いてくる人がいるが、私だってできることならみな忘れてしまいたい。それなら記憶を消せる機械でもください。

大人になると、私はもっともっと危ない状況に置かれた。その理由はおそらく私が「合法的にセックスのできる」歳になったからなのだろう。二十歳頃にスタッフとして参加していた映画祭のパーティーでは、日本から来た映画監督が踊っている私を捕まえてホテルの部屋に行こうとしつこく言い寄ってきて、結局その場にいた男友だちの助けを借りてやっと会場から抜け出した。まわりで音楽をやっているオッパたちの誰もが「レジェンド」と呼んでいた六十代のギタリストは、ライブ会場で私を捕まえて、みんなの前で電話番号を教えろと言ってきたし、翌日から毎日携帯メッセージで口説いてきた。それについてオッパたちは、あの「レジェンド」ギタリストから個人的に連絡がくるなんて羨ましいと言って誰も助けてはくれず、当時レストランで一緒に働いていたオンニたちが私の代わりに電話に出て、電話番号を変えたふりをしてくれた。授業のプレゼン準備で会った同じ大学の男子学生は終電まで話が終わらなくて、「最後まで話そう」と言ってモーテルに向かい、部屋に入ると私がセックスを拒んだものだから、一晩中私の体にキスをしていた。私はセックスまでいかずにすんでよかったと思いながら翌朝その部屋を出た。いつも、寝る場所も使うお金もないか足りなかった二十代の頃、好意的に食事をごちそうしてくれたり、寝る場所を提供してくれる男たちと、結果的にはセックスをすることが多かった。そんな状況について私もそうしたいからだと思っていたこともあるし、どうしてまるでお返しみたいにセックスしなきゃいけないんだろうと苦しんだこともある。

なぜ、「好意」だけでは「ほどこし」が成立しないのか不思議だった。

私の体が誰かにとっては代価や報酬になりえるとわかってからは、自分の体を嫌悪し始め、誰もが簡単に要求してくる私の体を、もっと大胆にもっといやらしく見せようとすることもあった。当時二十一、二だった私にとって、しょっちゅうご飯をごちそうしてくれたり、自宅に泊めてくれていた三十代の男性が私のことを「セックス中毒」と呼び始めたとき、私は笑いながらあいづちを打って、そんなニックネームができたことを得意げにまわりに話したり、自分でも面白いと思ったりしていた。そして、そういう考え方が私をもっとおぞましい所へ引きこんでいったのだ。その後、同棲していた人がそんなニックネームを根拠に私がほかの人と寝ていると確信し、私に何度も暴力をふるってきたときは、調子づいていた二十代初めの自分を殺してしまいたかった。それなのに、私は長い間自分自身を「男性が好きなスタイル」の女性としてポジショニングしてきた。ショートカットなどもってのほかで、「男性が好きなロングヘア」をキープするよう所属事務所の社長が要求してきたときもその通りだと思ったし、実際に音楽活動をしている数年間、ロングヘアのままでいた。

そうして、もうこれ以上我慢できないと思って長い髪を切った日。その日は、私が初めて男から殴られた日だ。今まで必死で守ってきた「女性性」は、誰かにとっては八つ当たりの対象、暴力の対象になりうるのだと知って、自分の女性性を憎み始め、自分を女性らしく見せるロングヘアをばっさりと切り「これからは男として生きる」とまわりの人たちにジョークを飛ばしてみせた。しかし、もっと笑えるのはロングヘアを切ってから、暴力がもっと頻繁になり悪化したことだ。私はここですらとても明かすことはできない名前や状況をすべて覚えていて憤っている。自分の怒りのはけ口として私に暴力をふるい、権力関係があるのを承知で私にセクハラをし、何かの見返りとしてのセックスを要求し、その原因を私に押しつけた彼らの言葉を記憶し、憤っている。

「お前は俺を怒らせる」

「お前は俺を怒らせる」（「勃起する」という意味で使う）

同じ文章だが二つのうち一つは、私を殴った男が言った言葉で、もう一つは私とセックスをした男が言った言葉だ。私は彼らの「理由」になりたくないし、自分で選びたい。口にするのはつらいし記憶していることもつらいし聞くのもつらい。でも、もっと正確に話すためにも、これからも苦しみの中で記憶し、もっとたくさんの話をしていきたい。

今日も話せてよかった

勇敢な猫

昨日はスジョンさんとスジョンさんのゴールデンレトリバーのトトと一緒に、ヨンヒョンさんのお母さんがずっと昔からやっているお茶屋さん「森の中の島」へ行った。スジョンさんとヨンヒョンさんと私は二〇〇七年にとあるイタリアンレストランで一年間一緒に働いた仲だ。二人のオンニたちは私よりも十歳上だけれど、お互い敬語とため口を交ぜながら話すというのが今日まで続いている。

「森の中の島」でごはんをもらっている野良猫が三匹いた。十六歳の「コマ（チビ）」と、年はわからないもののコマよりずっと幼い「ノランイ（黄色）」と、コマがどこかから連れてきた子猫「タンコンイ（ピーナッツ）」。タンコンイはようやく一歳になったところだという。お茶屋の庭にこの三匹の猫と大きなゴールデンレトリバーのトトが適度な距離をおいてお互いを眺めていた。普段散歩道で猫に会うと興奮して大騒ぎするトトも、この日はどういうわけかおとなしく猫たちと向き合って座っていた。その様子がまるで天国みたいに安らかで、私たち三人は三匹の猫と一匹の犬をほめちぎり感嘆しながらこの瞬間を楽しんでいた。

猫たちの中でいちばん年をとっているコマは、後ろに遠く離れたところに座ってトトを見ていて、ノランイはコマよりももう少し前、ベンチの上に座っていて、末っ子のタンコンイはトトの目の前まで来て後ずさりしながら恐れ知らずに眺めていた。トトはスジョンさんの隣にだまって座って猫たちの動きを目で追った。そのとき突然「ワン!」といってトトが起き上がって猫たちの前に一歩ずつそっと近づいた。すると驚くべき光景が広がった。トトの吠える声にびっくりして稲妻のごとくその場から消え去ったタンコンイとノランイとは違い、十六歳のコマが前にぽんと飛び出してきてトトの顔の前で「シャー!」と警戒するような声を出したのだ。その危険な瞬間にコマが年下の猫たちを守ろうとまず先に飛び出してきて声をあげる姿が、なんとも言えず堂々とかっこよくて、私たち三人は一瞬の出来事に驚きながらも、コマの立派な姿に何度も感動した。

スジョンさんの車に乗って帰る途中、私たちはコマのかっこいい姿をずっと思い出していた。私たちもあんなふうに生きようと約束した。一歩下がっているときはいちばん安全なところで状況を見守り、前に出るべきときは、誰よりも先に前に出て弱者を守る、そんな人になろうと。欲を出したばかりに焦って大慌てする幼いタンコンイみたいに生きるには、私たちはみな年をとったから、賢いコマのように生きようと。

家に帰ってくると玄関で十三歳のジュンイチが出迎えてくれた。うちのジュンイチは太っていて臆病だ。家の中では誰よりもわがままなのに、ちょっと外にでも出ようものならあちこち殴られて帰ってくる。私は「森の中の島」の庭で暮らすコマみたいに、ジュンイチを飼えたらいいのにと思うけれど、時遅しのようだ。

我が家は都市の中にある古びた多世帯住宅だ。ベランダも庭もなく、窓には防犯窓が監獄のようにぎっしりついている。私とジュンイチ、タケシは家賃五〇万ウォンの監獄に暮らしている。この十三年、ジュンイチがこんなところにしか住めなくて本当に申し訳なく思っている。遅くなりすぎる前にジュンイチをベランダか庭のある家に住まわせてあげたい。

今日もこの原稿を書くためにジュンイチの世話ができなかった

ジュンイチの名前を付けたときのことを思い出す。二〇〇六年三月、二十一歳だった私は、大学入学を控えていた。入学前に映画学科の同期たちと何度か顔を合わせていて、親しくなれそうな人を見つけようと必死だった時期だ。同じ頃、月刊文芸誌の記者だったNは自宅近所の、車道の真ん中でぽつんと座っている子猫を見つけた。「危ないな……」と思いながら家に帰ってきたもののどうしても気になってまた外に出てみると、まだ道路上にいたので結局家に連れて帰ってきたのだという。子猫が車に轢かれるんじゃないかと心配でとりあえず拾ってはきたものの、自宅で飼える状況ではなかったため、まわりの友人に聞いて回ることにしたのだ。そのとき私は「ロシアンブルー」という種類の猫にすっかりはまっていた。（失敗したが）美大の弘益大学の入試を準備しているときに知り合った講師がロシアンブルーを三匹飼っていて、毎日予備校でその写真を見せてくれたおかげで、その猫だけがこの世で一番かわいいと思っていた。先生の所属しているロシアンブルー同好会にもついて行ったり、先生の家に遊びに行って猫たちと遊びながら、いつか必ずロシアンブルーを飼うんだと決めていた。

　そんなある日、Nからロシアンブルーと似ても似つかないコリアンショートヘアのタキシード（タキシードスーツを着ているように見えることからそう呼ばれる）を飼えるかと連絡がきた。いっときでもはやく猫を飼いたいと思っていたから、先生と一緒に猫を受け取りにNの住む町まで行った。建大入口（コンディック）駅前で会ったNが小さな鞄から取り出した子猫を見て、先生が「ものすごくかわいい」と言って猫を抱いて撫でていたが、私はその猫がとんでもないブサイクに思えた（ほんとにごめん。ジュンイチ）。猫といったら青い目にグレーの毛並みのふわふわのロシアンブルーしか知らなかったから、真っ黒い毛と白い毛がまだらにまじった黄色い目の子猫が、私の目には全然かわいく見えなかった（ジュンイチは大きくなったら黄色い目がグリーンに変わった。だからよけいに申し訳なかった）。でも、じたばたしている小さな生命を、かわいいとかブサイクだとかいって拾ったり捨てたりするものじゃないと思った。その日はちょっともやもやした気持ちで猫と一緒に地下鉄に乗って家に帰った。

　連れて帰った猫に名前を付ける前に、どこから見てもロシアンブルーじゃないタキシードをつまさきでつついて「おい、おい」と呼んでみた。いつかこの猫を可愛がるようになるのだろうか、そのいつかっていつなんだろう、不安に思いながらいくつかの名前を考えてみた。当時付き合っていた十歳上の彼氏が日本のマンガやゲームが好きだったせいで、彼の家で見たマンガやゲームに出てくる名前を候補に挙げてみた。

日本語はわからなかったので、意味とは関係なく音の響きだけで選んだ。プレイステーションのゲーム『塊魂』に出てくる主人公の王子様のいとこたちの名前イチゴチャン、ベルベット、フーミン。マンガ『ピューと吹く！ジャガー』の主人公ジャガージュン市、そして劇中で一番インパクトのあるキャラクターだったニャンピョウも候補に挙がった。名前を声に出して何度か呼んでみたのは覚えているものの、どういうわけで「ジュンイチ」になったのかは十四年たった今もちゃんと説明できない。ともかく小さな子猫は「おい」という名前からジャガージュン市の「ジュンイチ」になった（フルネームで呼びはしないものの、とりあえずフルネームをつけた）。当時私は山本（サンボン）にある両親の家にしばらく滞在していて、すぐに大学の近くの屋上部屋で暮らすようになるまでジュンイチは一日の大部分を自宅で母と一緒に過ごした。当時大学の同期のオンニたちには私が飲み会で先に帰るときは「ジュンイチにごはんあげないとだから」と言っていたのを覚えているが、私は家に帰ってくると「ジュンイチ」と呼ばれても反応せず、母が勝手に付けた「ニャンちゃん」という名前にばかり反応するジュンイチになかなか情がわかなかった。

　ジュンイチは生後一・五か月という若さ（？）で、どういう事情で母猫と離れ建大入口の路地の片隅にぽつんと座っていたのだろう。その訳は永遠に聞けないだろうけど、ともかく栄養失調の野良猫だったジュンイチを連れてきてからというもの、病気にかかってばかりだった。トイレと砂ぐらいしか用意していなかった愚かな私は、通帳にある数十万ウォンの全財産を手に、まだ情のわいていない小さなジュンイチを靴箱にいれて、あちこちの病院を訪ねた。病名も明かさず高価な検査費ばかり要求してくる病院もあったし、お金のない私は一番安い検査を二つだけ受けさせて、医者から「もうじき死ぬだろう」とも言われた。

　私はもぞもぞしてるジュンイチを抱いて病院の前の階段に座ってえんえん泣いた。ここ数日下痢をしているジュンイチにキャットフードをあげて、母が寝室で使っている遠赤外線の治療器を必死に当ててあげたおかげだろうか。ジュンイチは死なずに元気になった。元気になって寝ている私の足を噛んだり、部屋中にうんちをして飛び回った。元気になったのは何よりだったけど、あのときの私はジュンイチを愛していたのだろうか。よくわからない。

いつだったか一度、ジュンイチを連れてきた二〇〇六年から毎年私がジュンイチをどんなふうに世話してきたのか書いてみた。二〇〇七年はレストランで一日十一時間働いていて、二〇〇八年は大学に復学してワークショップの作品作りをし、二〇一〇年はひと月半も旅行に出かけ、二〇一一年は何人かと付き合っていて、二〇一三年は……どの年も私はジュンイチの面倒をきちんとみられていなかった。

移動と慣れない環境を何より嫌うジュンイチをつれて、これまで九回引っ越しをした。旅行や海外出張のときは、いろんなところでジュンイチを預かってもらった。キャットフードをたっぷりおいて二日間家に帰らなかったこともある。いまでもそうだ。遅く起きて目を開けただけの状態でベッドに横たわってスマホを見ていると、私が起きたことに気づいたジュンイチがベッドのそばにやってきて「ニャー、ニャー」と鳴く。ごはんをくれというサインだ。ジュンイチが自分でえさを探してきて食べられるはずがないのはわかっているのに、起きるのがつらくて「ニャー、ニャー」という鳴き声を聞きながらもそこから長くて二十分は横になったままでいる。すぐに起きればいいものを、逆にジュンイチを見下ろして小言を言う。

「すごく疲れてるから。すぐ起きるけど。すぐ起きるつもりだけどものすごく疲れてるから。ちょっとだけ待ってて。ちょっとくらい待っててよ?」

そう言いながら頭の中で考える。ジュンイチのこと虐待してるのかな？

私はジュンイチのことほんとに愛してる？

今までジュンイチを撮った写真や描いた絵は少なく見積もっても数万枚になる。夢で私はジュンイチと同じような数十、数百匹のタキシード猫たちの間で、たった一匹の本当のジュンイチを探してさまよう。現実でジュンイチがいなくなってしまったときは、毎晩懐中電灯を片手に泣きながら家のまわりを捜し回った。ジュンイチを叩いた友人二人とは絶交した。私がジュンイチに一番よく言ってるのは「かわいい」と「大好き」だが、それが自分の名前だと思っているのではないかと心配になる。

ジュンイチが十三歳だった去年のこと、固く心に誓ったことがある。ジュンイチが死ぬまでは絶対に死なずにいよう。自殺はしないという決心だ。二〇〇六年から二〇一三年まで、三回自殺を図った。でも、今までろくに世話もしてこなかった私がジュンイチより先に死ぬわけにはいかない。これからは、もうそういうことはないだろう。事故で死ぬ場合はどうしようもないので、責任を取ってもらえそうな信頼できる人はもう決めてある。毎週、三万ウォンずつこつこつ貯めてきたジュンイチ貯金と、いま暮らしている家の保証金も渡すことにしてある。

もうじきジュンイチの推定誕生日一月十五日がやってくる。その日私は公演を兼ねて東京にいる予定だ。今年、ジュンイチのことをどれだけ大切にしてあげられるだろう。すでに自信はない。貧しくて厳しい暮らしをしている人たちには動物を飼ってほしくない。そういう人が動物を飼ったら私のように一生自分を責めるような気がするから。

よろしくお願いします
←日本出張

ジュニー！！
24 時間家にいる
イラストレーターカップル

おかえり

ジュンイチ！！
←空港から直行

ダダダ

ジュンイチただいまー
おうち帰ろ？

涙ポロポロ→
うわーん　ごめんね、
ほんとごめん

私たちの部屋

ときどき真夜中に、ジュンイチが異常と思えるほど家の中を力いっぱい走り回ることがある。居間を真ん中にして両側にあるあっちの部屋とこっちの部屋を何度も行き来して走り回るジュンイチが、鼻を赤くして上気した顔で息を切らすとそれがもうかわいくてたまらなくて、同時にまた悲しくてたまらなくなる。ジュンイチがもっと広いところで飛び回るのを見たいし、ジュンイチが外の空気に触れられるようにベランダがあったらいいのにと思う。

家を出る前までは両親、姉弟とマンションに暮らしていたので私は一軒家に住むのが夢だったし、ずっとそうやって暮らしてきた。木の窓枠とコンテナ材質の簡易倉庫に慣れ、引っ越しのたびにやたらと重い縦型洗濯機や冷蔵庫を抱えて、ソウルをあっちこっち引っ越しした。いつだってトラック一台とおじさん一人と力を合わせて引っ越して、引っ越し費用に二〇万ウォン以上使ったことはない。コシウォン（訳注：三畳から五畳ほどのワンルーム）や屋上部屋、大学の部室、都市ガスのない古い家にも住んでみた。私が引っ越した多世帯住宅（訳注：貸家式で四階建て以下の一棟式の独立住宅の一種）にはいつだって屋上と半地下があって、常に人が住んでいた。

今日は国民賃貸マンションの申請をする日だった。一週間前からマンション情報を集めてプリントして持ち歩き、地図で位置を調べて坪数や金額を比較して候補を絞りに絞ってついに一つ選んだ。ただ、一か所しか応募できないため、そこまで絞るのにずいぶん悩んだ。共同作業室のSオンニと一緒に深夜までどこに申し込むべきか話していて、ネットで情報を集めていたら去年の合格ラインの資料を見つけた。その資料を見てからはさらに眠れなくなり、ずいぶん長い時間起きていた。

十七歳のときに家を出てコシウォンと大学のサークルの部室、恋人の家や友人の家を転々としながら暮らしてきた貧乏なソウル市民の私には、合格ラインを超える点数がなかった。加算点を手に入れるためには「ソウル連続居住期間」がなければならず、いま住んでいるこの望遠洞（マンウォンドン）のツールームを除いては、まともに転入届を出していなかったせいで、これまでのソウル生活を証明できなかった。ちょっと賃貸に暮らしてみたもののお金の問題で部屋を出て、大学の部室に住み着いたり、友人の部屋に転がりこんだりしていたとき私の居住地は京畿道の両親の家になっていた。それで、ソウル連続居住期間は一点のみ。年齢でも三点満点をもらえる六十代ではないので一点。幸い住宅請約回数では三点満点。結局、私の総点数は五点だった。

でも去年の合格点数は十一点、十二点、十四点など高い点数で埋まっていて、五点で合格したケースは一件もなかった。総十坪に満たない七〜八坪台の小さなアパートを毎月二〇万ウォン以下で手に入れられる国民賃貸マンションは一人暮らしにぴったりの企画だが、私が十点台を突破するための加算点になりそうな事項はなかった。ソウル連続居住期間満点の三点を手に入れて計七点になっても合格の可能性はなかった。それなら、十点台以上の人たちはどうやって点数を手に入れたのだろう?

加算点制度をよく見ると、扶養家族の数、未成年の子どもの数、中小企業勤労者、建設勤労者、基礎生活受給者、日本軍慰安婦被害者、ひとり親家庭、国家遺功者、脱北者などが三〜四点をもらえた。去年十〜十四点台の申請者は、ソウル連続居住期間と住宅請約回数で満点をもらい、一項目以上で加算点をさらにもらえるという話なのだが……。一人暮らしではない人たちが十坪にも満たないマンションに暮らす姿が突然頭に浮かんだ。私がいま住んでいる多世帯住宅のツールームも十一坪だが、七〜八坪台の賃貸マンションはどうなっているんだろう。そこで暮らしている二人暮らし以上の家族たちは空間をどう使っているのだろう。

私の加算点ではほぼ見込みがないとも知らずに、マンション選びにしばし熱中していたとき、ネットで十坪マンションと入力すると関連検索ワードに「十坪マンション　インテリア」が出てきた。一坪ずつ下げて検索してみても同じだった。九坪、八坪と数字を一つずつ下げてみた。五坪までは「インテリア」という言葉が関連検索ワードで出てきたが、それ以下の坪数からは「部屋づくり」になり、二坪の部屋づくりまでは出てきた。「一坪」で検索してみると、もう「インテリア」という関連検索ワードは出てこなくて、「一坪サイズ」という言葉が出てきた。一坪はインテリアも部屋づくりも出てこなかった。

ハウス　ポグァン

ハウス　ポグァン（House Vogue-wang）。

イ・ドジン、パク・チョリ、ユ・ヘミ、チョ・ユリ、モ・ジミン、私、それからうちの家内タケシとユリの家内コンブが「ハウス　ポグァン」のメンバーだ。最初の五人がポグァン洞に住んでいて、私とタケシは望遠洞で猫のジュンイチと一緒に同居中だ。

ポグァン洞イスラム寺院よりさらに左に向かった屋上部屋に賃貸保証金半額と月々の家賃で住んでいるのがイ・ドジンとパク・チョリだ。二人は付き合って「数年」にもなるが（長いということだけが思い浮かんで正確な年数は思い出せない）、二〜三日に一度喧嘩することで有名なカップルだ。普段二人が喧嘩すると、みんなで集まる席にドジンだけやって来ることが度々ある。そのたびにドジンはそれはひどい顔で現れてチョリの携帯メッセージや電話を無視する。そうやってチョリは私の誕生日にも来なかったし、偶然私が料理をすることになった日にも来なかった。それでも私はチョリが憎くなかった。なぜなら怒ったチョリってめちゃくちゃかわいいからだ。チョリは自分の怒った姿をかわいいと言われるのを嫌がる。でもチョリは本当にかわいくて、服のセンスもかわいい。チョリは「ヘッピッ（日差し）書店」という、チョリと同じくらいかわいい名前のクィア専門書店をポグァン洞でやっている。

ドジンは牧師の息子でゲイだ。本当に牧師の息子でありながらゲイなのだ。ドジンは『牧師の息子のゲイ』（ドジンほか四人の共著、サニーブックス、二〇一七年）という本も出した。私はドジンがその本の最後に書いたエッセイを読んで本当にえんえん泣いた。でもドジンはいざそのエッセイを書くときにまったく泣かなかったという。私はドジンが泣かずにエッセイを書いたということにものすごい衝撃を受けた。なぜなら私は毎回原稿を書きながら泣き、読みながら泣き、直してまた読みながら何度も泣くからだ。しまいには今日ポグァン洞メンバーたちについて書かなくちゃと名前を書き並べただけで涙が出た。ドジンはエッセイを書く前にどうやって書くか悩み、私のセカンドアルバム『神様ごっこ』に付いたエッセイを読んだそうだ。だから私はドジンが『牧師の息子のゲイ』も私みたいに泣きながら書いていたらいいのにと思っていた。そんな自分のエッセイを泣かずに書いたドジンは、昨日私と同じ漫喫でマンガを読みながら二度泣いた。

ポグァン洞のポグァン小学校の道をずっと入っていくとある、家具ショールーム兼自宅に住んでいるユ・ヘミのことを、私は長い間「ヘミ」と書いて、そう呼んできた。ヘミには本名ユ・ヘミという名前もあるが、子どもの頃の呼び名で本人の家具ブランド名「小木場セミ」にも使われている「セミ」という名前もあって、DJの名前「SEESEA」もある。ヘミは顔を見るだけで涙がボロボロ出てくる私の古い友だちだ。だから何をどう書いていいかわからない。ヘミは「私がいちばん嬉しいときやいちばん悲しいときやいちばんつらいときにいつも隣で力になってくれる」友だちだ。こうやって書いてみると、この文章は結婚するときに新郎新婦が人々の前で声を出して読み上げるあの言葉と似ている気がする。だから、ヘミは私の新郎や新婦ぐらい隣にいて力になってくれる友だちなのだ。反対に私がヘミにどれくらい力になれているかはわからない。ヘミは自分のことになるとつらいことも隠して私にはあまり話さない。私は、私が「話す人」で「聞いてあげる」のが苦手だからヘミが私にあまり話してくれないのかもしれないと思う。だってヘミは「聞き上手」のタケシやチョリ、ユリにはときどき気軽に自分の話をしているようなのだ。だから私は「聞き上手」じゃない自分が恥ずかしい。それなのにヘミに会うといつも自分の話を先にずらずらと並べ立てる。

ポグァン洞企業銀行のほうに住むアクセサリー職人でメイクアップアーティストのチョ・ユリは、ポグァン洞メンバーの間でも「聞き上手」として有名だ。でも、チョ・ユリに初めて会ったとき、そんな人にはまったく思えなかった。顔の左右対称が完璧だと江南の美容整形外科院長も認めるほどのコンピューター美人、いつもきちっと整えられたトレードマークのヘアスタイル。そこに打ち込むような特有の話し方まで合わせるとチョ・ユリの第一印象の完成だ。でも、チョ・ユリが冷たい人だと判断していた私を含む周囲の人たちは、ユリのあたたかさに触れてからずいぶん反省した。私がユリと親しくなったのは三十歳になってからだ。その前の数年間は互いに顔見知りで、しかも同じ町内の二～三分のところに住んでいたときも親しくなるとは思いもせず、いやでき、いやしなかった。ところが三十歳頃になってパートナーの男性から暴力をふるわれて以来、落ちるところまで落ちた自己肯定感を回復させる方法を見つけるために、私は本能的にユリを訪ねた。当時、私は自分が完全にだめな人間なんだと感じていたし、私のまわりでいちばんきれいだと思うチョ・ユリにルックスのアドバイスをもらえば、ブスな自分をちょっとは好きになれるんじゃないかと思って携帯メッセージを送った。そのときユリは、「この子なんで図々しく私の前をうろついてるんだろ？」と思ったと後になって告白したが、当時は親切にも、自宅に招いて私の眉をきれいに整えてくれた。

　ポグァン洞のはずれのほうに住んでいるドラァグクイーンのモ・ジミン／モアは、私がポグァン洞のメンバーについて原稿を書くと公表するやいなや、なぜ自分の名前が五番目になっているのかとさみしがる人だ。モアはいつもそう。モアはいつも自己愛を証明し相手も自分に対して愛を証明してくれることを願う。モアは私のことをいつも「天才アーティスト」と呼んで、まわりの人にもそう紹介する。だから私は、もし私が「天才アーティスト」じゃなくなっても、モアは私を愛してくれるだろうかと考える。モアは私のイベントには必ず来てくれて、いつもゲスト席を求めてきた。モアがいつでも注目されたがっているのを知っているから、私は客席でもモアが注目されるように公演の途中でモアを名指しして話しかけたりする。モアはそういうとき、堂々と大きな声で返事をするのだが、私はそういうところが大好きだ。

ハウス　ポグァンのメンバーたちはポグァン洞のあちこちに散らばって暮らす。それでも望遠洞に住む私よりはずっとみんなご近所さん同士だ。

今日も話せてよかった

二〇一九年三月二十一日木曜日午前十一時八分にドジンが「ハウス　ポグァン」のグループチャットルームに送ってきたメッセージは、死ぬまで忘れられないと思う。

みんな～
元気～～～
今日の三時半に入院することになりそ。
ちょっと深刻な病気だって～
ｗｗｗ

当時私は六日間の東京での日程を終えて帰ってきて倒れこむようにして眠り、ちょうど起きたところだった。

私、肝臓がんだって。
へへ TT

ドジンが冗談を言っているのだと思い、とりあえずすぐに電話をかけた。私の体はぐちゃぐちゃになった布団と一緒にからまっていて横になったまま耳に携帯を当てた。信号の繋がる音が途切れて、騒がしい周辺の音と一緒に登場したドジンがからから笑いながら言った。

ラン、私がんだって！

突然涙がだーっと流れた。私の泣き声を聞いてドジンは笑いながら泣くなと言った。入院準備があるから後でまたかけると言った。電話を切ってからすぐに後悔した。泣いたりするべきじゃなかった。いちばんつらい当事者の前で自分の感情を先に表に出すなんて。また失敗した。何度失敗しても、どうして直らないんだろう。
二〇一九年一月一日。午前十一時三十五分に東京にいる福田さんからきたメッセージも、たぶん永遠に忘れられないだろう。

ランちゃん、カイちゃんですが、ただいま息を引き取りました。最後まで本当にありがとう。

二〇一八年三月、アルバム『ヨンヨンスン』と『神様ごっこ』の日本版をデザインしてくれたカイちゃんが脳腫瘍で闘病していると聞いた。インディーレーベル「スウィート・ドリームス・プレス」を運営している福田さんのパートナーでフリーランスのデザイナーだったカイちゃんは、私が日本で公演をするたびに入口でアルバムの販売を手伝ってくれて、公演の後は、家に招いておいしい食事をふるまってくれたり、プレゼントを用意しておいてくれたり、ありがたい人だ。ライブ会場にカイちゃんが見えず不思議に思っていたら、公演が終わったら言おうと思っていたと福田さんがカイちゃんの闘病のことを教えてくれた。公演二十分前だった。そのときから泣き始めた私は結局ステージの途中でカイちゃんの話を持ち出して泣いてしまった。

その後七月に病院を訪ねたとき、体重が二〇キロも落ちたカイちゃんに「元気になってください」と書いたカードを渡した私は、病室から出てすぐに、トイレでわんわん泣きながらメッセージに書いたことを後悔した。いつから私は「元気だ」というのが私たちの関係で当たり前で基本的なことだと思っていたのだろう。私のまわりに病気の人たちがこんなにいて、しかも私一人でも無理な体を引きずってあっちの病院、こっちの病院と訪ねてまわっているのに、どうして、病気の友だちになんと声をかけていいかわからず泣きだしたりしたんだろう。どうして「元気になって」なんてカードに書いて、それを贈り物ですと言わんばかりに渡すような過ちを犯したのだろう。病や痛みについて何も知らないとつくづく思った。

それでも私は、すぐに過ちに気づいて後悔する人間だからまだいいと思った。カイちゃんに「元気になって」と書いたカードを悔んで、福田さんと相談してカードに書いた言葉について謝ってから、「元気になってください」の代わりに「具合が悪くても会えてよかった」にメッセージを変えた。

そして、最後にカイちゃんに会った十月。私は七月よりもずっと自然にカイちゃんと話ができた。ベッドに横たわるカイちゃんは手術以来ずっと震えている頭と手、それから片方が麻痺した唇を動かしながらしゃべった。ソウルに遊びに来たときに一緒に食べに行った平壌冷麺やカルグクスの話をした。しゃべっている途中で喉にひっかかった痰を吐き出さねばならず、咳のせいで一瞬会話を止めなければならなかった。夕方に温泉に行きたいという私にカイちゃんは、おすすめの温泉を教えてくれた。私だけが温泉に行けて、カイちゃんはおすすめするだけだけど、それでもやっぱり会えてよかった。

私もまわりの友人たちも、健康じゃない。これからもっとたくさん、もっと頻繁に具合が悪くなるだろうし、カイちゃんみたいにもう会えなくなってしまうこともありうる。どちらにしても友人との時間はいつだって大切だ。ドジンの肝臓がんの知らせを聞いたとたんに泣いてしまうという失敗についても、彼と顔を見て互いの思いを話せるから、この関係は穏やかだ。私たちは互いの前でさらに涙を見せるようになったけど、そういう瞬間にも少しずつ慣れていくことを知っている。

ハウス　ポグァンのチャットルームでよく使われる「がん」という文字を読むことに、書くことに、今までのように緊張はしない。がんの闘病にマラソンというニックネームが付いているからじゃなくて、お互いの関係を続けていきたいからだ。私たちはマラソンを一緒に走り始めた。私たちに起きたことが進んでいくスピードより、私たちがそれについていくスピードのほうが少し遅いかもしれないけれど、それでもいい。

今日も話せてよかった。

消えてよ

　生理痛のひどい日だった。昼間に食べたひとかけらのパンしか入っていない胃腸に鎮痛剤を流しこみ、ドジンちに向かった。今月、いや今週から週二日は休むと決めて水曜日と日曜日を休日にしたばかりだったが、フランスのアングレームにある漫画学校に通っているヘンが、韓国に来てドジンの顔を見たいと言うのでドジンの家に集まることにした。

　イスラム寺院よりずっと奥まったところにあるドジンとチョリの屋上部屋まで、ぜえぜえ言いながら上っていった。屋上部屋の軽い鉄門を開けて歌を歌いながら居間のドアを押してみると部屋の中に、座っているドジンとチョリ、それから真っ赤なリップを塗って微笑んでいるヘンが見えた。ヘンの赤い唇とは違いドジンの唇は今日に限って真っ青な青紫に見えた。一週間でさらに痩せたのか、短パン姿のドジンの脚は痩せほそった薪みたいにガリガリだった。友人たちの中でいちばん背が高くて体格のよかったドジンが抗がん治療を始めてひと月で一〇キロ痩せ、その後もずっと痩せ続けている。

私はときどき体力があるときにドジンを横にならせたり、座らせてマッサージをする。抗がん治療による「関連痛」のせいでドジンは肩や背中、首や胸元を行き来する痛みに毎日苦しんでいる。眠れないくらいの激痛にがちがちに凝った体を少しでもほぐしてあげようと、今日もマッサージを勧めた。ドジンは、胸まで痛いから首や肩をマッサージしても意味がないと断った。わかったと言って久しぶりに会ったヘンとあれこれ話をしていて、突然おなかが空いたというヘンとチョリが台所に消えた隙に、ドジンを私の前に座らせて自然と肩をもみ始めた。胸元まで痛がっていたドジンは静かにマッサージを受けて前を見つめぶつぶつ言っていた。

ここんとこずっとしゃっくりが出ててさ。おかしいなと思ってネットで調べてみたら肝臓がんの末期患者が死期が近づくと一日中しゃっくりが止まらないんだって。がん数値が低くなっていい調子だった患者もしゃっくりを始めるとがん病棟の空気が凍るらしい。

胸がさーっと冷たくなる恐ろしい話に腕に鳥肌が立った。私の膝の間に入っているドジンの両腕は、お互いの体温に覆われてあたたかかった。真昼、夏の空気にもひやっとするような気がして扇風機を脇にどけて蒸し暑いマッサージを続けた。

私たちはお互いに自然に触れる。毎週火曜日、ポグァン洞にあるレッスン室を借りてモアのヨガレッスンを受けるときも、互いの体を見つめて触ってげらげら笑って、レッスンが終わると私たちは腕を組み、おなかをぐうぐう言わせながら急な下り坂を歩いて、お菓子やラーメンを買いに行った。私はスキンシップのない家庭で育ったせいで、今まで付き合った何人かの異性パートナー以外の人を触るのには慣れていなかった。でも、この友人たち、特にユリとドジンに会ってから、友人たちだけで触れ合うことに慣れていった。ドジンとチョリの狭い屋上部屋に私たちがみな集まると、どうしても互いの脚に足が触れて、肩に頭が触れ、太ももに腕がかかった。小さな二人用のソファの上に座った友人は床に座ってソファに背をもたれかけている友人たちの髪の毛を触ったり、肩や腕を触った。体や筋肉については知り尽くしているバレエ専攻のモアは私が痛いというところを強く押したり踏んだりしてくれた。こんなふうに和気あいあいと集まって友人たちと自然に触れるのには慣れてきた頃だったが、どんどん脂肪も筋肉もなくなって痩せていくドジンの体だけはいまだに見慣れなかった。

チョリが買っておいたマッサージバームを使ってみようとドジンの洋服を脱がせてベッドの上に横にならせた。力も筋肉も脂肪も消え去った友人の肌はしおれて、痛みのひどい首と肩と背中はがちがちに固まっていた。

痛いの痛いの飛んでいけ！　生理痛に苦しむ私のおなかをさすりながら日本人のパートナータケシが唱えてくれる呪文を心の中で口にしてみた。静かな音楽がかかっているドジンの部屋。上着を脱いで横になった彼のお尻の上にのって体重をかけてやさしく、でもしっかりと押した。肌の摩擦による熱でマッサージバームがやわらかく溶けて香りがした。部屋の外でチョリたちが食事の支度をしながら笑う声がときどき聞こえてきた。

私の愛する友だちの体。
彼のパートナーチョリが愛する体。
私たちが愛するドジンの体。

私たちが愛するドジンの体の中には大きながんの塊がある。私たちはドジンを、体を愛しているから、彼の体の中にあるがんの塊を思い切り憎まないとそれは消えてくれないのか、あるいは思い切り愛せばどこかにいってくれるのかわからない。親世代の本棚にきまって一冊はあった『水は答えを知っている』（江本勝著、ナムルルシムヌンサラム、二〇〇二年）という本に、コップに入った水に「大好きだよ」と言うと水の結晶が美しく変化し、悪口を言うと結晶がゆがんでしまうのだと書いてあったのを覚えている。

私たちは彼の胸に向かって話しかける。
愛してるよ、だからもうそろそろ消えてよ。

アリババと三十人のチングチング

二〇一九年三月、友人ががんで闘病していると聞いていちばんにわんわん泣いたが、すぐに当事者の前で泣きだしたことを反省しつつ「どうしたら助けられるだろう」と悩み始めた。できるなら一度きりではなく持続可能な支援を考えなければならなかった。知人の脳腫瘍の闘病を助けようと日本でバンドチームが集まって後援金募集ライブをしたことがあるが、イベントは一回きりのため、手間がかかるわりには長期で支援できない限界を感じたからだ。持続的に、そしてみんなでできる方法はないかと考えているうちに、友人を助けたい人たちを集めたメールマガジンのアイデアを思いついた。まず知り合いの三人の編集者たちに順に電話をかけた。

一緒に集まった何人かと、どれくらいの期間メールマガジンをできるか悩んだ。友人がSNSを通じてがんを公表したときについた応援のレスを見ながら、連載者として参加できそうな人に目星をつけてみた。私一人ではなく、さまざまな分野で活動している編集者、作家たちが集まって推薦に推薦が繋がって数十人の作家リストがすぐにできあがった。思ったよりも人数が多く、もともと数人で回して連載していこうとしていたのが毎日別の作家が参加しても余るほどだった。結局ひと月に三十日しかないから三〇チームにすることで決まった。

でも三〇チームの作家と私たちが、これをどれくらい続けられるだろうか。がんの闘病には私と友人たちではとても背負いきれないほどのお金がいますぐ必要だった。購読者がどれくらい集まるかもわからないので、一か月後にすぐに持続可能な支援になるとは思えなくて「シーズン1」という名前を付けて六か月間続けてみることにした。毎日毎日別の作家の文や写真、ミックストラック、マンガ、レシピなどを編集し、読者に送信した。購読料の一パーセントはそれぞれ作家やスタッフに送り、残りはすべて治療費としてサポートした。いざサービスを始めようとしたら会計も必要だったしデザイナーも必要で、PR映像も必要だったし、オーディオブックを読む声優も必要で、海外から送られてくる原稿の翻訳も必要だった。そのたびに推薦のまた推薦を受けた人材がフォローしていった。

プロジェクト名は「アリババと三十人のチング（友だち）チング」と付けた。会議のときにある編集者が、毎晩物語でもって自分の命を救った『千夜一夜物語』のシェヘラザードみたいに、私たちも物語で誰かを救えたらいいのに、と話したのがきっかけだ。『千夜一夜』の有名な物語「アリババと四十人の盗賊」じゃないが、三十日間、毎日原稿を送ってくれる三〇チームの作家がいるから、三十という数字を入れたくて「アリババと三十人のチングチング」という名前に決めた。そこで、三〇チームの作家をまとめる主題は何だろうかと考えた。参加作家たちにまずどんな話をしたいのか尋ね、連載のタイトルと内容をチェックしてみたが、カテゴリーを作るのは簡単じゃなかった。

購読者募集の文を書きながら「痛みについて語りたいのです」というタイトルを付けた。作家たちはみなそれぞれの話をしていて、あえて「痛みについて話してください」と要求したわけじゃなかったが、私たち誰もがそれぞれの痛みを抱えて今日を生きていると思ったからだ。病気で苦しむ人、社会から疎外されてつらい人、記憶に苦しむ人、労働でつらい人。

私はがんと闘う友人の隣でどんなことを見て、聞いて感じたのかを書くことにした。来週になればよくなるだろうという病気ではなく、長く付き合っていかなければならない病を患う人が身近な友人の中にいるのは初めてだったので、その過程を記録したかった。この記録が誰かの役に立ったらという願いもあった。

サービスを始めて締め切りに続々と到着する原稿を読んでいると、胸がいっぱいになった。みんないかに懸命に今日という日を生きていることか。たとえ病気に苦しみ、記憶に苦しみ、労働に苦しみ、本人の口では「何もできない」と言っている文にも、彼らが今日をどう生き抜いているか痛いほど共感できた。どんな仕事をしていくべきか、どんな空間で働くべきか、働くときあるいは休むときはどんな音楽をかけるか、一緒に話して悩んでくれてありがたかった。その感謝の気持ちを、たとえ一パーセントという少額であっても正確に誰かにあげるために、私と会計担当者二人は力を合わせて毎月末日に計算機を叩きまくってエクセルと格闘した。

二、三か月の準備期間を経て始まったサービスが一、二か月過ぎると(作家としても参加している)運営チームのみんながかなりの量の業務に疲労を感じ始めた。私もまたマウスでクリックをしすぎたせいで指と手首に疲労がたまり、圧迫サポーターを巻いて仕事をしていた。一つの雑誌を運営するのとさほど変わらない業務量だったが、誰もが総購読料の一パーセントを受け取る以外にこの仕事による収入を管理していないのだから、疲れている運営者たちの姿を見るのはつらかった。意義をもって少ないお駄賃で相当量の業務を遂行する何人かの活動家たちのこともずいぶん考えた。言い出しっぺは私だからこそ、安易に大変だとは言いにくかった。このサービスで支援を受けている友人に心配をかけるんじゃないかと心配だったし、そうじゃなくても疲れている運営陣が私のせいでもっと疲れるのではないかと心配だった。

結局、準備した三月からサービス最終日の十一月三十日まで、文字通り一日も休まずにこのプロジェクト関連の仕事をやりきった。やりきったからといってただ「よくやった、嬉しい」という気持ちになったわけじゃない。あまりにいろんなことを考えたせいで、言葉で説明するのも難しい。どうすれば誰かを助けながらその仕事を遂行する人たちも疲弊することなく働けるのだろう。その質問が始まりから今まで残っている。

いちばん言いたくない言葉は「病気にならないでいよう」だった。誰もがそれぞれの痛みで一日を耐えている状況で、そのあらゆることをまるでなかったことのように「病気にならないで」とはとても言えない。もし言えるとしたら、どんなふうに言えばいいだろう。少しでも苦しまないでくれたらいい？　少しでも休む時間があったらいい？

実際、プロジェクトの中盤に何度も言っていたのは「大変すぎたら完走はやめましょう」だった。諦めて休んでやめるのも選択の一つだと信じたかった。それなのにみんなが十一月三十日の最後まで完走した。「完走はやめよう」という言葉がただ最後まで走れるようにという、士気を支えるための言葉として聞こえたのかもしれないと思うと、それも心配になった。心配に次ぐ心配のせいで一緒にがんばってくれたすべての人たちに言えることがどんどんなくなった。ありがとうとごめんなさいを何度も繰り返した。

責任のある場ではこの言葉を言うしかないということもまた感じている。

　バンドのメンバーたちにも、ドラマの現場のスタッフにも、そして「アリババ」の参加メンバーにも、ありがとうとごめんなさいと言い、家に帰ってくると口をぎゅっとつぐんで横になる。私はどんなことができる人なんだろう。どんなことをしている人なんだろう。

　それでもずっと誰かの話を聞いていたい。話が終わった後の話も聞きたい。話を聞くことを我慢できないし、中断できないと思う。この仕事が終わった後はまたちょっと休んで別の話を探して出かけることだけは確かだ。

どこが痛くて来たんですか

朝六時二十分にぱっと目が覚めた。直前まで夢の中であるイベント会場にみんなで集まっていた。誰もが白い服を着ていて友人たちと友人の両親たちもその場に来ていた。私はそこで祝辞か何かを述べた。去年の十月十九日土曜日には「チングチング感謝祭」というイベントを開いた。口と頭を動かすのに忙しくて、肝心の誰が来たのかもわからないまま時間はいつにもましてあっという間に過ぎていった。朝十時にイベント会場に集まって同僚たちとキムパプを二分の一本ほど食べただけで、イベントを終えてみると夜の八時をとうに過ぎていた。若い、酔っぱらった人たちであふれた弘大のメインストリートを通って闘病中の友人でも食べられる（なるべくヘルシーな）サンパプ（訳注：サンチュなどの野菜でご飯やお肉を包んで食べる韓国料理の一つ）屋さんに向かった。さまざまな野菜がたっぷり出てくると思って入ったのに、鶏肉料理がメインで、鶏肉を包んで食べるえごまの葉だけがたっぷり出てきた。そうなるとヴィーガンのアラムさんの食べられるものがなかった。そのときになってから「どうしよう?」と困っている私たちにアラムさんが「私は大丈夫。本当に大丈夫」と目を細めて笑った。朝から一日中イベントのために動き回って疲れている人たちの顔を見渡して、サンパブ十二人分に白ご飯を一つ注文した。えごまの葉に鶏肉を包んで食べながら遠目に座っているアラムさんの顔を何度か見て、「次はメニューちゃんと選びますから!」と叫んだ。アラムさんはまた三日月のように目を細めて、えごまの葉にご飯を包んで食べた。チョリとドジンは調子が悪くなる前に先に帰宅していて、体は疲れていたもののなんでもいいから話して酔っぱらって、打ち上げ気分を味わいたかった同僚たちは、お客のはけた店でひたすらビールを追加注文した。水みたいに飲めてしまうビール。三〇〇〇、六〇〇〇、九〇〇〇ccを浴びるように飲んだ。私はビールを何杯か飲み終えて「狂いたい!」だったか「めちゃくちゃになりたい!」だったか何かを叫んだ。二つのうちの一つは編集者ホングさんが叫んだ言葉のような気もする。

イベント中に何人かの作家と話をして、身近にあるいはもう少し遠くに座ったり立ったりしている同僚を見ている間じゅう胸が詰まった。心から熱いものがこみ上げてきて目元まで涙が押し寄せてうるうるしてくるのをプロ意識でもってなんとか必死で堪えて、「司会の私がここで大泣きでもしたらイベントの雰囲気はどうなっちゃうんだろう」と少々具体的な想像もしてみた。感謝祭のオープニングに準備した「物語の始まり」という私の担当コーナーがあるのだが、準備した原稿の三分の一は時間の都合で使えなかった。どうやってこのプロジェクトを企画し、仲間を募り、メインイメージを決めたのかまで話すと、もう決められた時間よりも十分オーバーしていた。カットした内容はこのプロジェクトを通じて出会った人たちの話だった。この三月から今まで（途中下車なしに）駆け抜けてきた仲間たちとの新しい絆がとてもたくさんあって、「物語の始まり」というコーナー名とは違って終わりのない、いつまでも話せる内容だった。イベントが終わって当日の現場スタッフとして参加した同僚たちと団体写真を撮ったものを見てみると、みな人のよさそうな顔をして笑っていた。私はそんなにいい人じゃないのに……。私の顔も、服も、手にしている鳥の舞台装飾までもがどれもすばらしくよく見えてくるから不思議だった。だからだったのか。普段は飲まないビールを三杯、四杯と飲み干しながら「狂いたい！」「めちゃくちゃになりたい！」と叫んでいたのは。

今朝の夢で、友人の死を恐れる友人の友人が泣いていた。彼は友人が死んだら自分も死ぬと言った。私はその初めて見る友人の友人に、あれこれ人生の真理みたいなことをほざいていたみたいだが何を話していたのかは思い出せない。そういえば十月上旬に開かれた札幌でのライブの後、最後にサインをもらいに来た一人の女性観客が、まわりの友人たちが何人か亡くなったのだと話しながら、イ・ランが「患難の世代」で歌ってゐることが「自分の考えていることと同じだった」とわかってほっとしたと言ってくれたことがある。多いときでひと月に一回、飛行機に乗って公演をしに行く日本で、観客からそんなふうに言ってもらえて嬉しかった。公演のたびに一生懸命字幕を付けてよかったと思った。私はアリババが終わる十一月から次のアルバム準備に入る。誰かが中二病の歌だと言っていた「患難の世代」という曲を筆頭に、三枚目のアルバムを制作する。この曲は実はセカンドアルバムに入れたかったのだが、レーベル側とのコミュニケーションの行き違いで入れられなかった曲だ。こうして振り返ると四年ごとにアルバムを出しているようだ。セカンドアルバム『神様ごっこ』を発売する直前に、古くからの友人が自殺した。その友人が私の歌を聴いていたら死ななかっただろうか。それはわからないが、ともかくその友人にはどうしても聴いてほしかったから、予定よりも少し遅れてアルバムを発表することになってしまったことに腹が立ち、悲しかった。その気持ちはしばらくの間続いた。三枚目のための曲を作っているときに、今回は本当に死んでみせると毎日話していた友人がいて、もしかしてアルバムが出る前に死んでしまうのではないかとデモ音源を先に送ってあげた。でも、やっぱり完成したアルバムを一緒に聴きたい。

そろそろ七時になった。目を覚ましたときは真っ暗で驚いたのに、いまは外もかなり明るくなってきた。八時になればアリババからの手紙が届くだろう。メールの手紙を送るためにこのマラソンを一緒に走ってくれている仲間たちの顔がまた浮かぶ。私の部屋の窓には、イベント会場の一角に設けられた「ポストイットコーナー」の垂れ幕がカーテンの代わりにかかっている。そこにはこう書かれている。

どこが痛くて来たんですか?
「痛みについて一緒に話したいのです」で始まった私たちのマラソン。
毎朝一緒に走っているチングチングチングのみんなの声が聞きたいです。
あなたの痛みはなんですか?
何があなたを苦しめているのですか?

私は「病」が治らないこの都市が、この社会が、この世が痛い。一人一人は休みたくて、休むために、休む方法を考えながら、今日の何かに耐え続けている。そして病にな

るとその人本人が自分の病を見つけてケアして治さなければならない。その大変なルーティンにくたびれている人々でどこもかしこもいっぱいだ。だから腹が立つのだが、その怒りを「人」で解消するわけにはいかないから悩む。怒りが沸々とこみ上げたとき、怒りでなく別のものに変えなければならないというのは実におかしいと思う。だから私は戸惑いながらも文章を書き、歌を歌って、そしてまた書く。私たちはこの三月から今まで走ってきた。友人と一緒に走ろうと決めたマラソンはもう、いや、わずか半年とちょっとが過ぎて、私の一年はアリババと三十人のチングチングと共に始まり終わるだろう。半年間毎月一日に送ってきた原稿も最後かと思うと悲しくなる。この先も私は書き、友人に会って笑ったり泣いたりするだろうが、アリババの名で発信する文章はこれが最後になると思うと、目の前の画面の向こう側にいる人たちとちゃんとお別れできるかどうかわからない。名残惜しい。

出なきゃいけないのかな・・

나가야 되나..

나갈 이유가 있어야 나가는데

理由がないと出られないよ

딱히...

これといって・・・

ここで生きていけるかな・・？

痛み

最初のエッセイ集で、あごの痛みについて長く書いたことがある。その本の刊行以来ときどき「いまあご痛い?」と聞いてくる人たちがいる。インタビューの席でインタビュアーが聞いてくることも多い。あごの痛みは二〇一一年頃から始まって二〇一六から二〇一七年までがいちばんひどくて、その後少しずつよくなった。あごの痛みが極限に達した時期は痛みの原因になるストレスを避けようとほとんど外にも出なかった。いや、出られなかった。ドアの外に出るだけで口を開けられないほどあごが痛かったからだ。その頃から人が多い場所にあまり行かないようになった。展覧会、劇場、公共交通機関、繁華街など、行かない場所が増えていった。ちょっとバスに乗ったり、カフェに入るだけでも痛くなるので好きなカフェにもあまり行けなかった。友だちに会うのにも友だちの家や自分の家で会って、移動するときは自転車に乗ったりタクシーに乗ったりした。こんなふうに習慣が変わったせいか、あごの痛みは少しずつおさまっていた。でも新しい痛みがいくつかまた出てきた。

極度の緊張を伴う大手企業のプロジェクトで契約監督をしていたときは、しょっちゅう歯が痛くなって手足がしびれた。気絶してしまいそうなほどのめまいがしてふらふらになったこともあった。その仕事の後、ストレス強度の高い状況になると歯が痛くなって手足がしびれた。歯痛としびれは新しい痛みで、あごの痛みとはまた別の新たな苦しみだった。

二〇一六年のアルバム『神様ごっこ』の発売直前に、医療ミスで古い友人を亡くした。次のアルバムを準備しているいま、大好きな同い年の友人ががん闘病中だ。発見当時すでに末期だった肝臓がんは肺にも転移していて状態はあまりよくない。ニューアルバムを友人と一緒に聴けるだろうか。次の誕生日パーティーは一緒にできるだろうか。友人とできるだけ会おうと努力しながらも別れた後はいつもそんな考えを止められない。一年後の今日、私たちは一緒にいるだろうか。私の痛みとまわりの友だちの痛みが、日に日に増えていく中、いつからか私は、自分のしたいことについてあまり口にしないようになった。来年は映画のシナリオを書かないと。監督もしないと。アルバムを出さないと。あそこでライブしないと。早く、早くやらないと。これをして、あれをして次はそれをしないと。

もしかしたら今年、大切な友との別れが訪れるかもしれないと思うと、あごや歯が痛くなるほど、手足がしびれそうになるほど働くべき理由がわからなくなっていく。いまの痛み、あるいは将来の痛みのことで頭がいっぱいで、相手との会話になかなか集中できない。

p.s　ドジンは二〇二〇年七月十二日深夜、ハウス　ポグァンのメンバーに見守られる中、安らかに旅立った。彼が闘病を始めてから書いたいくつかの文章は彼のブランチ(https://brunch.co.kr/@leedozin)に残っている。大勢の方々と一緒に読んで記憶しておきたい。

私の友人たちは穏やかな日を過ごしているだろうか

名古屋での公演を終えて、北海道に来ている。名古屋は三十度を超す暑さだったが、ここ北海道はとても涼しい。二つの地域の温度差は十五度ぐらいあるようだ。名古屋の公演は「アッセンブリッジ・ナゴヤ（Assembridge NAGOYA）」という小さなフェスティバルの一環で港のそばの地域住民たちの憩いの場で開かれた。

同じ期間、名古屋市内では「あいちトリエンナーレ」という日本最大級の国際的なアートフェスティバルが開かれていた。トリエンナーレのさまざまな企画展の一つ「表現の不自由展・その後」には、「平和の少女像」が含まれていた。しかし開催から三日で、脅迫や日本政府の圧迫などにより展示が中断された。名古屋に来る前、少女像の展示を中断したあいちトリエンナーレの関連イベントに出演するのではないかと心配する声があった。東京から名古屋に公演を見に来る人たちの中にそう思う人たちがいたという話を聞いて、同じ名古屋で開かれるイベントだからそう思われたのかもしれないといまになって気がついた。もしそうなら、私は公演前に私の公演は少女像展示を中断したあいちトリエンナーレと関係がないことを知らせるべきなのだろうか？　でなければステージ上で言及するべきなのだろうか？　公演のときに私が少女像の展示中止についてどう考えるのか、慰安婦問題についてどう考えているのか話すべきだろうか？　それはただ私が名古屋という地域に来たから？　それにしたって私は「発言」するために公演をしているのだろうか？　そうでないなら、決められた歌だけちゃんと歌えばいいのだろうか？　ありとあらゆる疑問が、仁川から名古屋に向かう飛行機の中で頭の中にあふれた。

ソウルの家を発つ前に、公演衣装にときどき着ている白いブラウスと長いブラックのスカートを用意した。「ユ・グァンスン衣装」（訳注：柳寛順・朝鮮の独立運動家）というあだ名の付いたこの衣装は、白いチョゴリと黒いチマの韓服を連想させるため、少女像が着ているチマチョゴリとも似ているように見えた。

公演の二日前に名古屋に到着し「アッセンブリッジ・ナゴヤ」の企画者たちと一緒に過ごした。一九八八年にオリンピック誘致をめぐってソウルと競った名古屋が「ホドリ」に負け、一九八九年世界デザイン博覧会を大々的に開いたのを始まりに、芸術、文化のイベントを数多く開催していることも知った。オリンピック誘致に失敗したのち芸術都市として生まれ変わり、三年に一度日本最大規模のアートフェスティバルであるあいちトリエンナーレを開いていて、まさにその場所で少女像の展示が中断されたのだった。アッセンブリッジ・ナゴヤの企画展では「一九八八年オリンピック」のロゴやポスター、パンフレットなどが展示されていた。韓国と日本は多くのことで繋がっていると感じた。戦争でも、植民地宗主国と従属国としても、オリンピック誘致競争国としても。そして文化交流国としてもだ。

公演当日、一曲目を始める前から「いつ何を言うべきか」頭の中でずっと考えをめぐらせていた。考えすぎて曲と曲の間のコメントができずに、中盤までただ歌ばかりずっと歌い続けた。私の公演ではあまりないことだ。最後の曲までそうやってほとんど何も話さずに演奏が続き、「イムジン河」を歌う前に少し長めの話をした。飛行機の中で悩んでいたことや疑問に感じたことをそのまま口にした。周囲から言われたこと、だからこういうことで悩んで、何の結論も出せなかったけれどまずチマチョゴリ風の衣装を準備して着ることになったと。そして、こういう話をステージですることがよいのか悪いのかわからないけれど、何も言わずに歌だけ歌って帰るには、頭がいろんな考えでいっぱいになって、何も言わないのもつらいから、ただ話しているのだと。私は話す人なのか、話して歌う人なのか、歌う人なのか、政治をしたい人なのかわからないと。話していたら涙が出そうになったけれど、泣いたらまた事情があるみたいに思われるかもしれないと思ってぐっと我慢して、「イムジン河」を歌い始めた。

後でわかったことだが、どういう理由かわからないがチェロのヘジも涙が出そうなのをずっとこらえていたらしく、もしステージでヘジも泣いて私も泣いていたら(理由は互いに違うだろうけれど)いったいどんなステージになっていただろうと思う。たった三日間だったけれどアッセンブリッジ・ナゴヤの企画者たちとアーティストたち、公演に来てくれた観客たちと交流しつつ、実に多くのことを考え、そして学ぶことができた(あいちトリエンナーレで「平和の少女像」の展示が中断になった後、海外はもちろん日本国内でも強い批判が起こり、結果として閉幕一週間前に少女像の展示が再開された)。

そしていま私は冒頭で話した通り、北海道に来ている。奥深い山の中にある有名なリゾートで三日間開かれる「エコミュージックフェスティバル」に、出演者として招待されたのだ(何がエコなのかよくわからない。ただリゾートのあちこちにエコだと書いてあるだけ)。公演に招待されたとき、最初はどんな場所に呼ばれたのかわからず、まずはフェスティバルが開かれる間の宿泊と食事を提供してもらえたので、今年の休暇だと思って招待を受けた。公演のたびに隣で苦労しているメンバーたちも一緒に休暇を取れたらと思ったのだ。

札幌の空港から一時間半ほど車に乗って山奥にあるリゾートに到着すると、家族連れがさまざまなリゾートスポーツを体験できるリゾートだとわかった。サーカス、マウンテンバイク、ゲーム、スポーツ、水泳、焚火、それからスパエステまで。三階にある広いバーでは一日中ＤＪがいてさまざまな公演が開かれ、私の番は夕方六時に予定されていた。家族連れの宿泊客たちはみな屋外スポーツとおなか一杯食べられるブッフェを楽しむのに忙しく、バーにはあまり来なかった。がらがらのバーの雰囲気とまったくそぐわないハイテンションの司会者が「レディーズ　エン　ジェントルメン、ラン・リー　フロム　コリア！」と叫ぶとバーのスタッフ数人と企画者数人が拍手をした。バーのフリードリンクを飲みに行ったり来たりしている十名ほどのお客さんがときどき拍手をしてくれたが、リハーサルみたいな寒い雰囲気の中で公演をしていると四十分が四百分のように感じられて、力が出なかった。ステージが終わったら食べられるブッフェのことを考えて、最後までやり遂げた。

考え事がとまらないソウルでの暮らしといくつかの問題が同時に起きていた名古屋での三日間を過ごして、雲が霧のように低く立ち込める山の中でこの文を書いている。風景は悠々として美しいが、考える習慣がすっかり身についてしまった私の頭は、見聞きするすべてを問い、考えて悩むのに相変わらず忙しい。あっちの短く整えられた芝生は何月何日に刈ったのだろう、芝を刈る人は三日間まったく見かけなかった。やたらハイテンションのこのリゾートのスタッフたちは、もともと社交的な人なのか、それとも控室や退勤後はほかの人と一言も話をしたくないんじゃないだろうか。観客がまったく観る気のない三日間の音楽フェスを企画した日本で暮らすこの外国人チームは、私の音楽をただ鑑賞するために私を呼んだのだろうか。それとも私に豪華なリゾートを体験させて好意を示すために呼んだのだろうか。この世のあらゆることに意味があるように見えて、同時になんの意味もないようにも思えて、何に集中してどこに心を預ければいいのかわからない。

私の友人たちは穏やかな一日を過ごしているだろうか。

私はどうして知らないの

イ・ランをどうケアするか

一か月ぶりに日記を書く。また腹が立つと書くのはわかっているが、本当に腹が立つほど打ち合わせが多い。フリーランスは打ち合わせなしには仕事ができない。でも、打ち合わせがいくら多くても、打ち合わせ手当は出ない。打ち合わせをたくさんして仕事を一つすることになっても、また別の打ち合わせが発生すれば作業をするはずの時間に打ち合わせに出かけなければならない。結局、手当の出ない打ち合わせで一日を終えると、作業のための一日が飛んでいってしまう。そうやって締め切りに遅れ、締め切りに遅れるから信用をなくし、不安に苛まれて仕事のクオリティも上がらず、自信も一緒になくして……このパターンを永遠に繰り返す。それなのに、初回の打ち合わせとなると気に入られたいばかりにちゃんとした服を着てメイクをしてその日の時間を使う。

そのさなかにカウンセリングが始まった。今日で三回目だった。初回のカウンセリングでは去年大手企業と一緒にプロジェクトを経験したときの怒りを吐き出した。二回目は紛争中のレーベル代表への怒りと私に暴力をはたらいた相手への怒りをぶちまけた。今日は家族から抜け出そうと「恋愛」という逃避先を作った自分の最初の恋愛からいまに至るまでのだいたいの人間関係について話した。

#MeToo運動とそれにまつわる事件や暴露を見聞きしてからの私自身の意識と苦しい気持ちや混乱をどうすればちゃんとカウンセラーの先生に伝えられるだろうか。少しずつ話していても、自分でも整理がつかない。私のことをぞんざいに扱った家族からできるだけ早く抜け出すために、私に何かをくれそうな相手を野生の獣さながらに探し出す幼少時代の話から、食べるもの、寝る場所、お金。そして精神的に頼ることのできるモノや人。会えばごちそうしてくれて、訪ねていけば寝る場所を提供してくれる関係には、いつも見返り（に違いない）セックスがなければならなかった。それに伴う精神的なトラウマには、当時私がかかっていた「クール病」でもって対抗しようとしていた。そういう中で生まれた意識が今までの性関係や恋愛関係などに大きな影響を与えた。今まで主に自分よりかなり年上の男性たちから言われた「君ってセックスが好きなんだね」「お前はセックス中毒だよ」という言葉は「私はセックスを休んではだめな人だ」という意識に変わって、私を支配していた。セックスというのは、二人のうちの片方だけが望んでいる場合でも成立するものだと長い間思ってきた。私はいつだって拒否しなかっ

たし、私が求めたときに断られたこともなかった。

自分一人で生きていかなくてはということをずいぶん幼い頃から感じていた。障がいのある弟に家族の関心は注がれ、それを寂しがったりしてはだめだと感じながら、一人でなんでもちゃんとやらなくてはと奮闘していた。そんな中でも目立ちたかったし、関心を引きたくて、認めてもらいたい一心で勉強もがんばって、よく遊んで、怖いもの知らずに見えるよう必死で無理していた。幼少時代に積み重ねてきた私の努力は、「かなり」という言葉ではとても表現しきれないほどで、また「かなり」という言葉ではその当時のイ・ランに申し訳なくなるほど本当にかなりがんばった。そしてその努力のはざまで私は多くの怒りを感じたのだ。でも、その怒りを（例えば私を殴った人がそうだったように）誰かに叩きつけるわけにはいかなかったから、そのほとんどの時間を泣きながら過ごすか、ときどきコップや皿を投げて割ったり、何時だろうとかまわず外に飛び出したり、そうして誰かと知り合ってセックスをしたりした。特に二十代の初めは、心が苦しくなると昼夜かまわず外に飛び出していった。

いまはそんな元気もないし、怖くて出られない。当時は、怖いことが一つ二つ起き始めていた頃ではあったが、世間知らずにもむやみやたらに外に飛び出していった。私が飛び出すと、捕まえに来る恋人もいたし、帰って来てから怒る恋人もいた。そういうとき私は、自分の存在が認められたような気になったし、そういう認められ方が健全じゃないことも当時は知らなかった。いまは、家を飛び出したりしないし、喧嘩するときも言葉を選ばず大声を出したりもしない。なぜ二十代の頃は何もかも激しかったのだろう？　すべてが初めてだったからだろうか？　過去に戻って、コップや皿を投げつけているイ・ランに、落ち着きなさいと、どうなだめてあげればいいだろうか？「そんなことしたって何も変わらない。結局自分で片付けなきゃなんだよ」。今日のカウンセリングの終盤に、「私が私の面倒をみなくてはいけないんだっていうのはよくわかっている」と話した。でも、それがなかなか難しい。

イ・ランが今日は寝ないで夜通しドラマを観るというのだから、したいようにさせてあげるべきなのか、早く寝て明日元気にやりたいことをするよう説得するべきなのかわからない。私は自分の面倒をみる習慣がないせいで、しょっちゅう何も食べなかったり、暴食したり、寝なかったり、病気にさせたりしてしまう。イ・ランが健康でいるべきだというのはわかっているのに、生活習慣が悪すぎる三十三歳のイ・ランをどうケアすれば健康に暮らせるのだろうか？　たったいまイ・ランはチョコレートクッキーを食べた。夕飯も食べずにだ。こういうときはどうしたらいいのだろう？

ラン、ご飯食べなさい
生理だからスタミナつけないと

ラン、服着なさい
外出するときは
人間らしく見えないと

ラン、走りなさい
シュッシュッ　フッフッ

ラン、死ぬんじゃないよ
シクシク

コロスウイルス

二月二十八日。未来統合党代表の黄教安(ファンギョアン)はニュースのインタビューで、COVID-19を「武漢コロス」と言った。コロスは日本語で「殺す」という意味だ。病名に地域名をつける行為は、特定国家や地域に対する差別意識を誘発する。誰もがその点を憂慮し「武漢肺炎」と呼ばないようにしているところへ「武漢コロス」と言い放った彼の発言は、コメディそのもので、一日中笑いものになっているところだ。

全国の病院で一般人の出入りと面会が禁じられてからひと月余りが過ぎた。去年三月に末期がんを宣告されて闘病中の同い年の友人は、数日前に抗がん剤治療のために入院した。ステージ四の肝臓がんで、この一年はさまざまな治療を行ったものの快方に向かうどころか肺にも転移した。数週間前に集まって一緒に食事をしたとき、彼と彼のパートナーは今後一切の治療をやめると言っていた。でも、数日後、もう一度だけ抗がん剤治療をしてみることにしたのだと、最後の治療のためにソウル大学病院に向かった。数日間の投薬を終えて家に戻ってきても、免疫力がかなり落ちていて一週間以上は「無菌状態」で過ごさなければならず、しばらくの間彼には会えない。

二月二十七日。フローリストの友人が大きな花束を作って作業室にやってきた。ソウルで一番大きな花市場でもある「良才花市場（ヤンジェ）」の状況について少し話を聞くことができた。新型コロナウイルスを心配して、全国の結婚式がキャンセルや延期になり、花市場もそれにともなって窮地に陥っているとのことだった。一週間に一日は花市場で、四日はブーケのアトリエで働く友人は先週は一日しか働けなかった。友人は日給十一万ウォンをもらって、売れなかった花を捨てるしかない市場の商人を訪れて、十一万ウォン分の花を買った。数年来の顔なじみの商人たちは、花を買う友人にありがとうと、注文した量よりもはるかにたくさんの花をくれたという。こうして作られた花束が、いまこの原稿を書いている私の机の上に置かれている。

二月二十三日。三月末に出演予定だった東京での音楽フェスが中止になったと連絡がきた。出演料として一五〇万ウォンをもらうことになっていたライブだった。三月に日本に行くために一〇〇万ウォンほどする興行ビザをすでに申請した後だった。私とチェロ奏者の航空チケットも七〇万ウォンほどで購入済みだった。荷物と楽器を二つずつ送らないとならないので、毎回追加手荷物の料金もかなりかさむ。三月の一番大きな収入源でありスケジュールだったフェスティバルが中止になっても、ほかのライブがあるので絶対に行かなければならない。現在の状況では入国禁止と隔離が一番心配だ。

二月二十三日を境にして、連日のようにイベントの中止、延期、キャンセルのメールが届き始めた。四月頭の台湾ライブは七月に延期になった。それに合わせて三月は毎週末バンドの音合わせのために練習室を予約してあったのだが、それも電話で状況を話してすべてキャンセルした。五月に予定されていたソウルでのライブも暫定的に延期になった。去年十一月にASFウイルスのために今年の四月に延期になっていた講演も再び延期になるようだ。来週開講予定だった「手話通訳センター」からも、暫定的に延期するという知らせが来た。ピラティスのスタジオからも休業の知らせが届いた。

女性関連のイシューになると一緒に声をあげている女性シンガーソングライターJから、数か月ぶりに連絡がきた。ソウルで「フェミイベント四天王」と呼ばれている四人の女性ミュージシャンがいる。フェミニストのイベントのたびにパフォーマンスをするのが、いつもこの四人のうちの誰かに決まっていてそう呼ばれ始めたようだ。私もその四人のうちの一人で、Jもそうだ。

この頃はもう死んでしまいたいです。(でも大丈夫です、実行に移す段階じゃないので)

Jが送って来た携帯メッセージの最後には「wwwwwww」がたくさん付いていて、文章のシリアス加減を少しやわらげてくれてはいたが、それでも事態の深刻さが重くのしかかってきた。

母がメッセンジャーでフェイクニュースを送ってくる。熱いお湯を飲むと新型コロナウイルスの予防になるというのだ。夕方のニュースでは昼にメッセンジャーなどで広まったフェイクニュースへの反論ニュースが流れる。でも、翌日になると母はまた新しいフェイクニュースを送ってくる。

円高になった。私はオリンピックの存在意義を理解できず、この世の構成要素からオリンピックが消えればいいのにと切に願っているところだ。でも、私の願いとは裏腹に

（現段階では非常に不透明ではあるが）二〇二〇年東京オリンピックの時期に円が上がると予想されるため、円を現金で持っていた。韓国で新型コロナウイルスが拡散するにつれて、ウォンが急速に下がって、反対に外貨レートは急上昇している。長らく一〇〇〇ウォン代前半を上下していた円が一一〇〇ウォンを突破した。ずっと引き出しに入っていた日本円を取り出して、お客のいない閑散とした銀行を訪れた。おしゃべり好きな六番窓口の行員の前に座った。

「やっぱりコロナのせいでお客さんいないんですか？」

「そうなんです。いつもならこの時間帯は三十人は待ちますからね」

三十万円を両替すると三三〇万六〇〇〇ウォンになった。これで五月まで暮らしていけるだろうか。お腹が空いてサンドイッチを買おうと作業室近くのパン屋さんに入った。厨房では十八歳のときに二年間同じ予備校に通っていた友人が働いている。友人は私が注文したサンドイッチを作って持ってきてくれた。ラッピング用紙などのごみを減らすために、以前から友人には過剰包装はしないようにと頼んであった。サンドイッチの味とは関係なく、リボンとシールをのぞいたあっさりした包装のサンドイッチが私の手に渡された。友人は白い湯気のかかったビニール袋にチーズパンをおまけで入れてくれた。

私たちは二人ともマスクをつけていなかった。

「なんでマスクしてないの」

「品切れで買えなかった」

「今だとネットの中古サイトで二〇〇〇ウォン台で売ってるらしいよ」

「来週から政府が一〇〇〇ウォン台で売るらしいけど」

「私たちは買えないと思うけど」


二月二十四日。国民の党代表の安哲秀（アンチョルス）は国立ソウル顕忠院（訳注：国や民族のために殉国した人々の国立墓地）での参拝を終えて、芳名録に「新型コロナウイルス20で国民の生命と安全が脅かされています」と書いた。現在、人々の生命と安全を脅かしているのは新型コロナウイルス（COVID-19）という名前だ。「武漢コロス」でも「コロナ20」でもない。

しかし、すべての生命と安全を脅かしているのは、本当に新型コロナウイルスなのだろうか？　本当は「コロスウイルス」というのが新型コロナウイルスが現れる前から存在していたのではないのか。私と友人たちはずいぶん前からゆっくりと死にむかっていたのかもしれない。

コロナ時代の金融アーティスト

二〇一一年から少しずつ日本での活動を始めた。この十年、一年に一、二度だった日本出張が、去年から一か月に一、二度に増えた。そうしているうちにいつのまにか一年の総収入の四〇パーセントほどが日本での活動から得たものになっていった。今年はもっといろんな活動をすることになるだろうと思っていた矢先、「コロナ時代」が始まった。

最後に日本を訪れたのは二〇二〇年二月、西日本ツアーだった。地方五都市をまわって五回の公演をすることになっていた。国内の新型コロナウイルス感染者は三十名になるかならないかくらいのときで、予定通り出発するのにもそれほど無理はなかった。出発の日、仁川国際空港に行ってみると、当時いちばん感染者が多かった中国行きの飛行機の大部分が休航になっていた。そのせいか空港内は見たことがないほど閑散としていて、歩いていると妙な気分になった。マスクを箱ごと運んでいる空港職員を見て、あのマスクはどこへ行くのだろうかと気になった。マスクの買いだめが流行っていて、薬局でもネットでもマスクを買うのに苦労するときだった。ゲート前もマスクが箱ごと塔のように積まれていて、空港職員たちのためのものなのか飛行機に積まれるのかわからなかった。

仁川国際空港では一人残らず全員がマスクをしていたのに、二時間飛んで関西国際空港に着くと、マスクをしていない人がちらほら目についた。バスに乗って最初の公演会場の神戸で降りると、マスクをしている人は大阪よりももっと少なかった。それなのにマスクの買い占めが始まっているのか、薬局にはどこも「マスク売り切れ」と書いた紙が貼ってあるのが目に入った。幸い公演会場にやってきた観客たちはみなマスクをしていて安心した。公演後、サインより握手を求める人が多いのが日本なのだが、「コロナウイルスのため握手はしません」と机に貼っておき、サイン会を開いた。行く先々でマスクが売り切れで、万が一のために韓国から持ってきていたものを使った。十日間、西日本を移動しながら国内で徐々に増えていく感染者数を毎日確認した。

十日後、ソウルに帰ってきてすぐに三月に予定していた日本行きのために十五日間の興行ビザを申請しようと日本大使館へ行った。そして発給されたビザを受け取りに行く予定の前日三月六日、「ビザ無し入国者禁止及び日本大使館発給ビザ効力無効化」というニュースが流れた。コロナの状況が落ち着くまで、日本大使館で発給したビザがついている私のパスポートは返してもらえなくなった。全世界で事態が深刻化していて、すぐにパスポートを使うことはないように思えたが、国際的な身分証明が手元にないというだけでかなり不安になった。ビザを出してもらえなかったため、三月の日本でのスケジュールはキャンセルになり、ビザと関係はないが国内の公演もキャンセルの知らせが舞い込み始めた。そうやって六月まで予定されていたすべての公演のキャンセルと延期を知らせるメールが一日に何通も届いた。それらを読んでいると、じわじわと不安が押し寄せてきた。誰もが大変な時期だと思いながらも、なかなか眠れなくて悪夢を見たり、夜中に目を覚ますのを繰り返した。真夜中にベッドに横たわって「これっていったい何がそんなに不安なんだろ」とつぶやいていると、そうやってつぶやいた「これ」が何を意味するのかもわからなくなっていた。翌日、ゆっくり起きて友人に尋ねると「これ＝社会的不安」なのだと、自分も最近は同じような不安を感じると言った。

すべての公演が電撃キャンセルになった三月の収入内訳を見てみた。三月は一か月外に出なかったたし、できる仕事も二件だけ。書評一つ、推薦文一つを書いて受け取った総三〇万ウォンだった。今まで収入の多くは公演からだったことに気がついた瞬間だった。フリーランスにとってひと月の収入が三〇万ウォンはかなりショックな数字だった。時期が時期なだけにイベント収入をこれ以上あげるすべもなく、何か別の方法を探さなければならなかった。

「金融収入」を上げるのはどうだろうかと思った。六〇〇ページはあるという受験生の定番『数学の定石』より分厚い金融基礎書籍を買って金利と株式編をまず読んでみた。株式口座を作って預金口座にあったお金の一部を移して株を買った。でも、一人で判断して一人で実行するのがだんだん不安になってきた。自分の財務状況を客観的に判断したくて、ファイナンシャルプランを作ってもらうことにした。遠く江南から作業室のある望遠洞まで来てくれたプランナーは、聞いてみたら同い年だった。新しい友人ができたような気分であれこれ知りたかったことを矢継ぎ早に質問していると彼が予想していた相談時間をかなり過ぎていた。まだまだ知りたいことだらけだったので、もう一度約束して、その後も二回、彼から講義を受けた。

基礎知識が少しずつついてくると、実際に関連業務をしてみたいと思った。同い年のプランナーの三回にわたる情熱的な講義のおかげもあったようだ。三月末、ファイナンシャルプランを立ててもらった会社の面接を受けた。芸術大学の卒業証書と月刊誌のマンガを連載し始めた十七歳からスタートし、すべて芸術関連のキャリアがずらっと並んだ履歴書を見て、会社の人たちは不思議がった。その場が不思議だったのは私も同じだった。そのとき、互いに不思議がっていた本部長と私は、面接時間の二十分では尋ねきれなかった質問をするために別途食事の約束をした。数日後、会社の近くの韓食レストランでランチを食べながら話をした。私は彼らのプランがSFのように思えたし、彼は私が宇宙人みたいだと言った。互いに異なる二つの世界が一つのレストランで遭遇する不思議な瞬間だった（高価なレストランだったため会計は本部長がした）。

四月から海外からの入国者は全員二週間の自宅隔離が義務付けられた。もし、近いうちにビザが出て日本で公演をすることになっても、帰ってきて二週間隔離となれば、さまざまなスケジュールに支障が出るのはわかりきっていた。海外出張はあまりにもリスクが大きかった。こうして一瞬にして消え去った「二〇二〇年予想円貨収入」を、これから金融業務で埋め合わせできるだろうか。義務感と期待を胸に、入門は比較的簡単な保険プランナー試験の準備を始めた。生まれて初めてインターネット講義も数十分聴き、問題集も解き、時間をはかって模擬試験も受けて一つずつ進んでいるところだ。コロナのせいで室内で受けるはずの教育課程や試験も延期になったままで、資格を取るまでもう少し時間はかかりそうだが、社会的不安で何をするにも集中できないのだから、暇を見つけて勉強でもすれば少しは気持ちが落ち着くような気もする。

数日前は、金融人としての第一歩を自ら励ます意味で、SNSのプロフィールに「金融アーティスト」と書いてみた。これからどんなことが起きるのかまったく先は読めない。それは金融人もアーティストも、誰にもわからないことだろうけれど。

私はどうして知らないの

　朝起きて証券会社のアプリを開いて株式市場をチェックする。二〇二〇年三月十九日、KOSPI（訳注：韓国総合株価指数）が一四〇〇台に大暴落した韓国の株式市場は、恐怖を餌にふたたびむくむく成長して四月現在、一七〇〇の線を守っているところだ。IMF危機のとき、「金（Gold）を集める運動」をしたように、コロナ時代のアリ投資家（訳注：個人投資家のこと）たちは懸命に国内株式を買い集めて落下したKOSPI株価を守っているのだという。これを市場では「東学アリ運動」（訳注：一八四九年に起きた東学農民運動とアリ投資家の合成語で、新型コロナウイルスの集団感染が発生した後、外国人と機関投資家が韓国企業の株を売り急落傾向が続くと、これに対抗して個人投資家の大規模な買収が続いた）と呼んでいる。しかし、これが本当に株式を守るための動きなのかどうか、投機なのか、正確にはわからない。

　価格が一瞬で決まる株式市場を見ていると、私が今までやってきて、いまもやっている仕事の価値について改めてじっくり考えさせられる。無形の「ストーリー」を作る私の仕事のことだ。マスク、ティッシュ、コメ、ひいては銃器の買い占めまで起きている恐怖にさらされた世界の中で「ストーリー」はどう生き残っていけるだろうか。

家にはこの間注文した一〇キロの米一袋、ティッシュボックス二十四個、それから引っ越し祝いにもらったトイレットペーパー三十個がある。こういう単価のわかりにくい、正確な価格が付いていないものたちは今どこでどうやって生きているのだろうか？ この質問はすなわち「私はどうやって生きているのだろうか」と同じ言葉のように思える。

私はどうやって生きているのだろうか。

こう書いてみるとますますわからなくなる。でも、どうせ自分に問いかけたのだから、一度くらい自分で点検してみなければと思う。まず、刊行予定のエッセイ集の原稿を年初に仕上げて、本に挿し入れるマンガを描いている。三月末までに仕上げる予定だったが、すでに四月の中旬にさしかかっていて、原稿の進行率は三〇パーセントに満たない。三月から六月まで予定していた公演やイベントはすべて延期またはキャンセルになったので、原稿を書く時間は十分にあったのに、時間があるからといって仕事が進むわけじゃないというのを文字通り体験しているところだ。
ここ最近のいちばん大きな事件は、保険プランナーの資格を取ったことだ。この知らせを聞いてまわりの人たちがあまりに驚くものだから、そのリアクションを見ているだけでも一日退屈せずに過ごせるほどだ。
私が保険会社に入った理由は、さほど大それたものではない。コロナでほとんどの公演がキャンセルになったせいで時間はできたが、お金はなくなるので、お金の生態系を知りたくなった。一人で勉強もできただろうけれど、お金と関連した職業の人たちの中でじかに学び体験したいと思った。今まで私が経済に関して直接体験してきたものは以下になる。

賃貸アパート申請：落ちた。
住宅賃貸保証金ローン：成功した。
株式：成功しているのかどうかまだわからない。
預金、貯金など。

これに加えて金融の重要な要素の一つ、保険にも関心が出てきて今年三大疾患（がん、心臓、脳）保険に加入して保険プランニングのプロセスを見ていたら、実際にやってみたくなった。いつもなら公演やイベントで忙しくしている春に金融の勉強に没頭しているのは、自分でも不思議な気がしたし面白かった。新しいことをすると新しい言語が身に付いて、新しい言語を身に付けると新しい力が生まれる。宇宙語みたいだった金融専門用語も、何度も繰り返し見ているうちに少しずつ話せるようになった。私の保険はもちろん、友人たちが入りっぱなしになっている保険証券を読んで分析もできるようになった。

国内外の文学で埋め尽くされていた本棚に経済書籍のスペースも作った。市場に出ている商品でもって保険を設計する「保険プランナー」という職業もあるが、保険商品そのものを開発する「保険計理士」という職業もあると知った。私はいったいどれくらいのことを知らずに生きてきたのだろう。「私はなぜ知っているのですか」（セカンドアルバムの収録曲）という曲を作って歌っていたことが恥ずかしくなってくる。

私の面接を担当した本部長は、わからないことはいくらでも質問していいと言っておきながら、私がいざ質問攻めにするとこんな忠告をした。

「なんでも本質を知ろうとするな。みんなが信じてることを信じて、知らないことはスルーして、楽に生きて、幸せを感じなさい」

お金とはなんなのか、価値とはなんなのか、問いかけながらここまでやってきた私が疲れて見えたのだろうか。でも、私は質問することは疲れもしないし、いつまでも続けられるような気がする（でもこんなふうに質問ばかりしていたら本部長に解雇されるだろうか？）。質問することだけは、どうしてもやめられない。やめられることなのかもわからない。友人が話していた社会的不安感に押しつぶされて眠れない夜も、質問は尽きない。毎朝、株の値動き（株価上昇グラフは赤で下降グラフは青だ）が交互に山を描く株式市場を見てもそうだ。

今日は二月に日本で知り合った友人タルホ（九歳）に暗号手紙を送るために、マスクをつけて郵便局へ行ってきた。韓国内のコロナ感染者が三十人に満たなかった二月の頭に西日本ツアーがあり、タルホとはそのときに知り合った。神戸、今治、須崎、広島、岡山。五か所で五回公演をして、そのうちの今治で出会った公演企画者の息子のタルホと、二日間にわたってそのときそのときいろんな話をして親しくなった。タルホは私に、彼の作った仮想国家「ミンノシマ」とミンノシマの人たちの使う「ミンノシマ語」を教えてくれ、私たち二人だけしか知らない言葉で手紙をやりとりする約束をしたのだ。

そして三月中旬、日本の切手がぎっしり貼られたエアメールが作業室に届いた。封筒にはタルホの仮想国家ミンノシマの国旗が描かれていた。三行だけの短い手紙だったが、解読するのになかなか時間がかかった。同じようにかなりの時間をかけて六行の返事を書き、それを今日出してきたのだ。ところが、郵便局では日本向けの国際郵便を受け付けておらず、ＥＭＳで送ってもひと月以上かかると言われた。私たちしか知らない新しい言語で話そうとはりきっていた気持ちに、冷たい境界線を引かれたようだった。新しいことを知って、新しい言葉を学んでも、それを一緒に分かち合う人がいなかったら、どんなに寂しくてつらいことかわかった。保険みたいに、今まではあまりよくわかっていなかったけれど、これからは少しずつ学びながらその業界の人たちと話ができるようになったというのも新たな経験だった。けれど、私とタルホの暗号みたいに、世界でたった二人しか知らない、ほかの誰かと共有できない経験というのもまた、今までになく新鮮で衝撃的だった。

今日みたいな、目の前を閉ざされたような瞬間に出会うと戸惑ってしまうが、今まで私はどれだけたくさんのことと繋がっていたのだろう。その数えきれないほどの繋がりがあったから、完全に孤立してしまわずに、今まで生きてこられたんだろうな。そう思ったら、この話がどこかに掲載されて、誰かが読むという繋がりにも感激してしまう。いま、こういうことができて幸いに思う。

死ぬか宇宙へ行きたい

水曜日だ。このところ毎週水曜日にカウンセリングを受けていて少し早く起きる。目覚ましをセットしてあったが、起きる直前に、夢の中でそれは強烈なことが起きた。母が「いまから一か月後にお前は死ぬ」と私に言ってきたのだ。母は私の寿命は生まれる前から決まっていたのだと言った。腎臓だか心臓がどうのこうの。ともかく理由を話しながら私の人生の長さは決まっていて、それが一か月後に終わるのだと言った。その話をなぜいまするのか、一か月前のいまになって言い出した理由はわからないが、話している母がものすごく深い悲しみの中にいたから聞き返さなかった。でも、その話を聞いた私が「嬉しい」と感じたのは不思議なことだった。

余命一か月の人生と言われて、こんなに嬉しいことがあるかと思うほど嬉しかった。そしてあっという間に頭の中にあれこれいろんな考えが浮かんでは消えたが、中でも覚えているのは「あの人」が私にふるった暴力。怖くて今まで誰にも言えなかったあの暴力について死ぬ前に話してから死なねばというものだった。今までは、その人に殺されるんじゃないかと言えなかったが、どうせ一か月後に死ぬのなら、彼に殺されることはないのだから自由にその事実を明らかにできると思った。嬉しいという思いと、暴力を告発するんだという決意を胸に眠りから覚めた。横になったまま電子タバコを吸いつつ(私はいつも横になって電子タバコを吸う。吸い殻も落ちないしとてもいい)ずっと嬉しいままでいた。その嬉しさが続くのが不思議でタケシに話してあげようと思って横になったままで電話をかけた。私とタケシは私の不眠症を理由に、以前から寝室を別にしている。起きたときタケシが家にいるのかいないのか確かめるために私は起きるとタケシに電話をかける。タケシが家にいるときはそっちの部屋から携帯の着信音が聞こえてきて、その音がだんだん私の部屋のほうに近づいてきて、すぐに携帯を手にしたタケシが私の部屋の前に現れる。今日も着信音が遠くで聞こえて、すぐにタケシが携帯を手に部屋の前に現れた。

「タケシ、夢でお母さんにあと一か月で死ぬって言われた」

「まさか」

「でもすごく嬉しい」

「そんなはずない」

カウンセリングに行くために帽子をかぶってタクシーに乗って汝矢島まで行った。汝矢島にある心理相談センターに着いてカウンセラーの先生と会った。私は奥の席に座り、先生は扉側に座る。話し始めてからすぐに今朝見た夢の話をした。私が一か月後に死ぬということがとても嬉しかったと言うと先生は心配そうな表情になった。そして、そんなに嬉しいのはなぜかと訊かれたので、私の考える「何の期待もできない未来」について説明した。私が思うに、誰の人生も幸せじゃないし、これからの幸せも保証されているわけじゃないと。先生に母と父のことを例にして彼らの人生を「ぞっとする」という言葉で説明して、富豪の人生と貧乏な人生と私の人生と友人の人生は「不幸だ」と表現した。この世でそれでも幸せそうに見える人生を送っている人たちというのは「イカれた人たち」だと私は話した。他人に詐欺をはたらき、金銭を奪い、暴力を使っても罪悪感を覚えない狂った人たち。彼らは良心や自己検閲という基準がないので、他人に非難されるようなことをしても、本人の人生には影響がないようだった。私は先生に、たまには社会規範を無視して、勝手気ままに他人に迷惑をかけながら生きてみたい、どうかしてる人になりたいと言った。いまみたいに良心を持って社会基準を守って責任を果たそうと努力したところで、永遠に貧しくて幸せになる兆しが見えないのなら、どうかしていると他人に非難されてもいいから、そんなこと気にしないで暮らしたいと。

先生はいつも私のことを判断したりしない。カウンセリングの大部分の時間、私が自分の話をしている。そうやって時間を過ごすのがカウンセリングの条件に合っているのかはわからないが、先生にはなんらかの長期計画があるのではないかと推測しながらも、私はずっと話し続ける。話しても話しても時間が足りないほどまだ私には話すことがあるというのを不思議に思いながらも。一時間二十分のカウンセリングを終えて部屋から出ると、私はいつも疲れている。あまりにたくさんの苦しみや怒りを先生の前できちんと整えて文章にして話すために神経を使うからだ。怒りを抑えられず真っ赤になった顔で建物の前で煙草を吸いながら息巻いていることもある。今日は悲しみでいっぱいになって、建物の前で煙草を吸った。それからすぐにタクシーを捕まえて作業室に来たが、どうしても涙があふれてしまった。そしてタケシに電話をかけた。

「今日先生に夢の話した」

「嬉しい夢？」

「うん、一か月後に死ぬ夢」

「イ・ランは一か月後に死ぬことになったら何がしたい？」

「これといってしたいことはないかも。ただジュンイチといて、タケシといたら終わり」

「行きたいとことか食べたいものはないの？　ほらそういう映画もあるでしょ『死ぬまでにしたい10のこと』だっけ？　そういうの」

「別に、そんなことしてどうすんの。どうせ死ぬのに。タケシは何かある？」

「自分はあるかも。したいこととか食べたいものとか行きたいところ」

「どんなの？」

「オーロラが見たい」

「あ、オーロラね。オーロラは私も見たい」

「そうだよ！　オーロラ見よう、オーロラ見たら人生変わる気がする」

「それはないと思うけど。モンゴル行ったとき素敵な光景いっぱい見たけど、どれもフォトショップみたいだったし、目で見てるのに不思議すぎて信じられないなってだけ」

「いや、それは違う」

不思議なことにタケシはいつもオーロラを見たがる。

今まで付き合った人たちの何人かはオーロラを見たがっていた。宇宙に行きたがっていた人もいた。宇宙は私もいつも行ってみたかった。友人のユリは宇宙に行きたがる私に怒る。「宇宙行くつもりなの？　はっきり言いなよ。宇宙行くの？　行くとか言ったら許さない。行くの？」。まじめに腹を立てて、私が宇宙へ行くのかどうか心配するユリが笑える。かつて海の中をダイビングしたときのことを思い出して、その中がまるで宇宙みたいでとても重たくてものすごく面白かったと言うと、ユリは身をよじらせて嫌がる。「海の中のそんなとこどうして行くの!! 行くな!!! 宇宙にも行くな!!!」私はそれでも行くと、行きたいと答える。私が一か月後に死ぬのなら、私はその前に宇宙に行きたい。ジュンイチに一緒に行きたいかどうか聞いてみたい。

ふぇーーん
？？

ふぇーーーーん
・・・

いったい人生って何なの
・・・

人間の感情表現というのは
実に多彩なのだな

小さくても品格のある人

私は誰かにむりやり抱き上げられると、恥ずかしいと感じる子どもだった。自分で自分のことを品格のある一人の人間ととらえていたからだ。自分が決めたこと、自分が納得できることをしながら生きたかった。だから毎日決められた幼稚園の通園時間とは別の時間帯に一人で歩いて幼稚園まで行った。理由は簡単だった。通園時間に始まるテレビ番組「いち、にぃ、さん」が観たかったからだ。そこで私の親と先生の間でどんな取り引き（?）があったのかわからないが、ともかく私は何の問題もなく毎日一時間遅れて幼稚園に行った。ある日、幼稚園につくと園長先生一人で、ほかの子と先生はみな見当たらなかった。園長先生は遅れてきた私の手をとって園の外に出るとどこかへと向かった。着いた場所は銭湯だった。どういうことだろうと中をのぞいてみると同じクラスの子たちが大きな浴槽の中で、混浴体験（?!）をしていた。いま考えてみてもそれが適切な体験だったのかほんとうにわからない。目の前で繰り広げられる衝撃的な光景に、すぐ背を向けて絶対にあそこには入らないと、ありったけの力を込めて言った。園長先生は私の頑固さを耳にしていたのか、すぐに二人で幼稚園に帰ってくることができて、しばらくすると混浴体験を終えて帰って来た風呂上がりの子たちが、私にみんなの体がどうだったのか絵を描いて説明してくれた。みんなは笑っていたけれど、その話を聞くのもその絵を見るのもつらかった記憶がいまも強烈に残っている。

「子どもは大人の半分の存在ではなく、小さくても一人」という言葉が、作家キム・ソヨンさんの『子どもという世界』(四季節、二〇二〇年)という本に登場する。子どもは社会的で政治的な存在だという話には何百回うなずいたかわからない。生まれた瞬間から社会の中で育ち一瞬たりとも社会の構成員でなかったことなどないのに、多くの大人たちは「大きくなったらね」という言葉で子どもの決定と選択を軽視する。(自ずと先生と呼びたくなってしまう)キム・ソヨン先生の読書教室には、先生が子どもの上着を受け取ってくれる素敵な「上着受け取りサービス」がある。これには、人は、自分が大切に扱われて初めて他人のことも尊重でき、それが人間関係の基礎になるからこそ、どこかで不当な扱いを受けたときに「おかしい」と口に出せるようにというキム・ソヨン先生の願いが込められている。私も、自分が小さい頃に抱いていた「小さくても一人の人間」という感覚をはっきりと覚えているから、大人と子どもを区別せずに、ただ自分とは異なる一人の人に会ったのだと考え、そう行動しようと努めている。そんな思いが通じてのことか、さまざまな年齢の人たちと友情を築いている。誰かに会って笑いたければ笑い、泣きたければ泣き、知りたいことがあれば我慢せずに尋ね、質問を避けないで答えることがその方法と言えば方法と言えるだろうか。

時折自分が「先生」じゃなくてよかったと思うことがある。ごく短期間、小学五年生の子どもたちに創作音楽の授業を受け持ったことがあるが、そのときも「先生」という職業の尊さと自分の限界を思い知らされ、そっとその場から離れた。当時担任の先生たちが助けてくれなかったら、一時間の授業すら一人でやりきれなかったと思う（本当に感謝してます、先生方）。キム・ソヨン先生は、「子どもたちに友情をあげたい」と書き、子どもたちが友だちのように接してくれたときのことを書いていたが、読書を教える立場で同等にはなりえないという部分もまた認めている。だからこそ、友だちみたいな先生、親しい先生、友だちの境界線で戸惑いを覚えるのかもしれない。私は教えるということを早々に諦めたから、純粋に友情に神経を注いでもいいのだろうか。正直言ってまだわからない。

去年から、友情をわかちあっている子が一人いる。名前はトヨシマタルホ、今年で十歳になる。二〇二〇年二月、西日本ツアーのときに、今治というところで知り合った。公演企画者の家に食事に招かれたとき、テレビの前に座っておしゃべりしている彼に初めて会った。隣に座ってみかんをむいて食べていると、彼が小学校高学年から中学生たちが出演するクイズ番組を見ながら一人でクイズに答えていた。日本語を話せても読めない私に、漢字で書いた単語を読んでくれて、難しいクイズもさくさく答えるタルホは、実にかっこいい「一人の人」だった。韓国人と会って話すのは初めてだという彼は戦争や植民地の歴史についても私よりずっとよく知っていた。

なぜかと思って聞いてみると、彼は三歳のときに「タルホ」という自分の名前よりも先に「止まれ」の交通標識を見てまねて書いたというくらい、社会とシステムに関心の高い人だった。今は、自分が生まれる前から存在していた社会とシステムを一つずつ理解しようとしていて、しまいには自らそれを作り出すまでに至った。私はタルホが作った仮想国家「ミンノシマ」とその国の言葉「ミンノシマ語」についてしっかり説明してもらった。彼は「機密」と書かれたファイルを持ってきて、解読紙を見せてくれた。機密とはいうものの誰かと共有したい気持ちもあったのか解読紙が何枚かプリントされていて、彼の両親によれば、今までそれを欲しがる人は一人もいなかったという。私は受け取ったその機密文書を大切にしまい、これから私たち二人だけが読めるミンノシマ語で手紙のやりとりをする約束をした。

そして二〇二〇年三月以降、新型コロナウイルスによって国境が閉ざされた。その間、私たちは何度か手紙のやりとりをした。小さなはがき一枚だけれど、いくらがんばっても覚えられない果てしなく複雑なミンノシマ語は彼がくれた機密文書(解読紙)なしには絶対に読めない。たった一枚のその文書を失くしてしまったら、私たちの友情にひびが入ってしまうので、水一滴落とさないよう大切にしまってある。机の上にはがきと解読紙、メモ帳を並べてから敬虔な気持ちで二時間かけて解読した手紙の内容は「お母さんのお手伝いをしてもらったおこづかいを集めてゲーム機を買った」というのがすべてだったときは、こらえきれないほど笑ったものだが。どうかこの小さな一人の人との友情がいつまでも続くよう願っている。

六十九歳に「何が起こっているんですか？」

私の住む多世帯住宅には、四家族が住んでいる。そしてどういうわけか私がこの住宅全体の水道料金納付を担当することになった。二か月に一度、水道料金の明細書が届くと世帯数で割った金額を三家族に知らせてお金を受け取る。半地下の二部屋にはそれぞれバイクでデリバリーの仕事をしている青年一人と料理好きな朝鮮族のおばさんが暮らしている。二人に携帯メッセージで銀行口座と金額を送ると、半地下の青年はネットバンキングを使って一分で送金してくる。朝鮮族のおばさんは銀行へ行って窓口で入金するため数日後に送金してくる。一階に住むおばあさんは口座振り込みが難しいようで、付箋に金額を書いてドアに貼っておくと、数日後に現金を持って私の住む二階までやってくる。おばあさんはものすごい早寝早起きなので、お昼過ぎに起きる私はおばあさんのノックの音が聞こえない。いつだったかおばあさんのノックの音で起きると、おばあさんが「もうこれで三回目」と言ってつらそうだった。水道料金は数ウォン単位で分けるが、おばあさんはいつもそれよりも数百、数十ウォン多く払う。そうすれば現金で払いやすいからだ。だからいつからか一階のおばあさんには千ウォン単位で終わる金額を知らせるようになった。半地下のおばあさんや青年の名前は振り込みを確認するときに自然とわかった。互いに名前を呼ぶようなことはないけど。でも、相変わらず一階のおばあさんの名前は知らない。いつか私も名前ではなく、「おばあさん」と呼ばれる日がくるのだろうか。「おばあさん」という言葉はいつ頃から聞くことになるのだろう。六十歳頃からだろうか。

いつだったかアメリカのドラマでおばあさん二人がスーパーで煙草を盗むシーンを観たことがある。スーパーの外に出てきた二人は、老人が盗みをはたらきやすい理由を話し合う。老人になると、見えない幽霊になったようにまわりの人たちが彼らの存在を気にかけなくなるから、盗みも簡単だという話だった。ほんとうにそうだろうか？　考えてみると私がよく出かける場所では老人をあまり見かけない気がする。自転車専用路、二十代に見える人たちであふれるカフェ、スタンディング席のライブ会場、近所の小さな書店、SPAブランドの試着室。でも私の記憶が間違っているのかもしれない。歳をとるとこの都市では幽霊みたいに暮らすようになるのだろうか。一階のおばあさんは何時に起きるのだろう。起きたら何をするのだろう。外出はするのだろうか。運動はしているのだろうか。何時頃寝るのだろう。コーヒーは飲むのだろうか。服はどこで買うのだろう。次から次へと疑問がわいてきて、一階のおばあさんにスマホはあるのか。カードはあるのか。半地下の青年のバイクに書かれた有名なデリバリーサービスの存在は知っているのか、というところまで広がった。この原稿を書いているところで、ツイッター加入十年のお知らせが来た。ツイッターの書き込み画面を開くと、文字を書く前に薄い文字で書かれている文章がある。

「いまどうしてる?」

今日に限って、この質問がものすごく大きな存在に感じられた。

今日は映画『69歳』を観た。六十九歳の主人公ヒョジョン(名前はかなり後半になってから出てくるので知りたくてたまらなかった)は劇中、まわりの人たちにおばあさん、ばあちゃん、老人、おばさん、先生などと呼ばれる。いつぐらいから私もヒョジョンが耳にした呼称で呼ばれるようになるのだろう。いまのところは、あの、すみません、ちょっと、おじょうさん、学生などと呼ばれているが、「おばあさん」という呼称はいつ追加されるのだろう。六十歳ぐらいだろうか。外で、おばあさん、ばあちゃん、老人、先生、おばあさん、おばさんと呼ばれる日を想像しながら一日を始めてみた。まず洋服ダンスを開けてみた。いま持っている服のなかでこれから二十年、三十年、四十年ずっと着れるような服があるかな。そのとき私の体は今のこの服を着られる形態（？）だろうか。今日みたいな寒い日に服を重ね着すると重たくて動きにくいし「年とってから身なりがちゃんとしてないと馬鹿にされて見くびられてつきまとわれる」というヒョジョンの言葉どおり誰かに見くびられないように、分厚いダウンジャケットよりもコートを着るべきかもしれない。ヒョジョンはスカーフをよく巻いていて、きれいなシャツの上に落ち着いた色のニットやカーディガンをはおっている。肌寒い日は素敵なグレーのコートの襟を立てて着る。劇中、ヒョジョンの身なりをほめる人たち、あるいは体をほめる人たちが何人も出てくるが、果たしてそれがほめているのかどうか、映画を観ている間じゅう私には判断がつかなかった。でもヒョジョンはいつから自分の着るものを意識するようになったのだろう。私ぐらいの歳だったヒョジョンは、コートの代わりにダウンジャケットをよく着ていただろうか？

結局、見くびられないようコートを着て外に出ようとした六十歳の私は、どこへ行くのだろう。三十五歳のいまなら、行くべきところは決まっている。作業室に行くか、一週間に一、二度通っているピラティスに向かえばいい。ピラティスは今までトライしてみたさまざまな運動の中で一番長く、一番楽しく続けているものだ。お財布事情さえ許せばずっと続けたいが、これから三十年以上となると見当がつかない。ヒョジョンは水泳をしに行く。ヒョジョンが出会った性暴力相談センターの人はヒョジョンの水泳についてこんなことを言った。「若い頃にいろんなことをされてたということですけど（中略）お年を召してからは関節のせいでどれも諦めて今は水泳だけやられていると」。ヒョジョンが挑戦したさまざまなことのなかに今まで私がやってみたピラティス、ボクシング、バレエ、現代舞踊、ヨガ、競技ダンスもあるだろうか。結局ヒョジョンが水泳に落ち着いた時期は、身なりをちゃんとしようと決心した時期と近いのだろうか。六十九歳でコートを着て、運動をして帰って来た私が仕事をする姿を想像してみる。いまみたいにものを書く仕事だったらこれ以上のことはないと思う。おばあさん、先生、おばあちゃん、おばさんの文章だとしても誰かが楽しみにして読んでくれたら嬉しい。必ずしもものを書く仕事でなくとも、なんであれ仕事をしていたい。労働のない日常は想像しがたい。家賃＋公共料金＋携帯料金＋ネット料金、それからコーヒーを飲めるお金を稼ぎたい。そのときもアイスコーヒーを楽しめるだろうか。コーヒーの好みは変わらなそうだが、体の時間は変わっているかもしれない。もしかしたらコーヒー代よりも薬代のほうが先になるかも。

きちんとした服を着て、地道に運動をして、相変わらず仕事をして、たくさんのことを悩みながら生きていく中で、私が老人だという理由でいつか突然他人から軽視されたり、暴力をふるわれたりする日が来るのだとしたらどう対処したらいいのだろう。路上で声をあげて助けを求められるだろうか。まわりの人たちみなに知らせて証拠を集めて警察に訴えられるだろうか。十代、二十代、三十代で経験した性暴力も告発できない私が、六十代に勇気を出して語れるようになっているだろうか。ヒョジョンが性暴力に遭ってから初めて加害者と対面するシーンで、スクリーンの外にいる私は怖くてがたがた震えていた。加害者には「偶然だとしても二度と会いたくない」とヒョジョンが言っていたのもあるが、ヒョジョンの前に立った加害者が吐き出す暴言がふとどうでもいいものに思えた。彼にヒョジョンを捕まえたり押さえたりする物理的な力はあっても、彼の言葉には何の力もなかった。反対にヒョジョンが「人生はそう簡単には終わらない。罪を一つひとつ償って、それでもしぶとく続くのが人生ってもの」と言うときには底知れない力を感じた。恥知らずの加害者の前で、断固としてそのセリフを言い放つまで、さまざまな服装、運動、労働、そして数多くの苦悩が、いったいヒョジョンにどんな力をさずけてくれたのだろうか。

私が観たこの映画と、いま書いているこの文章と、この文章を書きながら飲んでいるアイスコーヒーと、毎月二〇万ウォンの賃料を払っているこの作業室と、この作業室に来るために毎日乗っている自転車と、一週間に一、二度通っているピラティスと、今日着てきたこの黒いカシミアのコートが、いつか私が加害者の前に堂々と立って語る力をくれるのだと思うと、私は明日もきっと生きていける。ヒョジョンが一文字一文字書いた告発文を見て、私も何とかして言葉を残そうと決心させられた。体の時間に終わりがあっても、言葉の時間は終わらないと信じている。

君がその友だちのことをずっと覚えていればいいんだよ

かわいらしいラッコが主人公の『ぼのぼの』で知られるいがらしみきおさんと、去年から手紙のやりとりをしている。いがらしさんは、日本で八六年にぼのぼのを連載開始して以来、今までずっと描き続けていらっしゃる。言われてみれば、ぼのぼのと私は同い年だ。ぼのぼのと私はそれぞれ日本と韓国で三十五年暮らしている。

先日受け取ったいがらしさんからの手紙には、自分が筆を置いた瞬間、ぼのぼのとその仲間たちが死んでしまうような気がすると書いてあった。だからこうして三十年以上も作品が続いていて、仮に出版社が連載をやめると言ってきても、オンラインで黙々と描き続けていくだろうと。自分が作ったキャラクターとの別れもこんなにつらいのに、好きだった、愛していた人との別れは言うまでもなく、ものすごくつらい。私はいくつかの別れを経験してきた。恐ろしい別れも、穏やかな別れも、つらい別れもあったが、何よりも望まない別れが一番長く記憶に残っている気がする。当事者の誰も望んでいないのに、突然訪れた別れについて、いったいどう記憶していたらいいのだろう。

二十代でミュージシャンとして活動を始め、何度か海外でも公演をする機会があった。大人になるまで一度も海外に行ったことがなかったので、頭の中で想像していた場所を訪れるのは実に楽しく、わくわくすることだった。公演のない日は自由時間だった。短くて数日、長くて数週間だが、どこに行き、何をすべきかわからず、そこで知り合った友人たちに助けを求めたりもしたものだ。そんなとき友人たちが「突然の別れ」を記憶する空間に私を連れて行ってくれた。演奏をしに遠くから飛行機に乗ってやってきたこの国。この都市にあった最も大きな災難と人命被害を記憶する場所だった。ここで生きていく人たちがそのことをどう記憶しているのか。新しい国で出会った新しい友人たちが一つひとつ話してくれた。

地震と津波が襲った場所。爆弾が落ちた場所。戦争と虐殺があった場所。

そうやって訪れる場所には、いつも「博物館」あるいは「記念館」という名が付いていた。あらゆるものが一瞬にして崩れ、焼け野原になってしまった、いまではただっ広いだけの場所を見下ろせる展望台に上がった。崩れてからずいぶん経った建物の周辺をぐるっとまわってみた。数々の名前が書かれた巨大な壁の前に立ってもみた。迷路みたいに複雑な共同墓地で、会ったことのない人たちの名前を声に出して読んでみた。一瞬で灰になって消えた人たちが最後に着ていた服と鞄の中の所持品が展示されている場所はとても暗かった。訪れる場所はどこも、それは静かで、さまざまな場所からやってきた人たちのため息や洟をすする音だけが時々聞こえてきた。ライブの前に、ここでどんな記憶を持った人たちが生きていたのか教えてくれた現地の友人たちを、心からありがたく思った。

数年前、突然の友人との別れ以来、私を何より慰めてくれたのは、カウンセラーの先生の言葉だった。

「君がその友だちのことをずっと覚えていればいいんだよ」

その言葉を聞いてからは、突然去った友だちをいつまでも覚えていることで、その友人と一緒に生きてるんだと思うようになった。会えるわけでもなければ、電話で話せるわけでもなく、笑い声を聞けるわけでもないが、共に過ごしたさまざまな記憶をずっとずっと覚えて記憶していること。何度も思い出すために友人の読みかけの本を本棚に挟んで、ハンガーには生前よく着ていたGジャンをかけておく。暑くなってきたらかけっぱなしにしておいて、涼しくなってくると袖を通してその友人の記憶と一緒に出かける。いまも残ったままの友人のSNSのアカウントに行って写真を見て、私の記憶の中の顔と合っているのか再び確かめる。共通の友人と話をして、彼と最後に交わした携帯メッセージがなんだったのかを話したことがある。私が彼に送った最後のメッセージは、「コーラ買ってきて」で、友人のは「レッツ　パーティー」だった。私たちはこのささやかなメッセージを記憶しているし、これからもきっとそうだろう。

ほかの人たちはどうやって突然の別れを覚えているのだろう。それぞれの記憶を集めて記憶館を作って、そこにずっと残しておけたらいいのに。私みたいに海外から公演をしに来た人がいたら、その記憶館に連れていきたい。一緒に記憶して、その記憶を伝えながら生きていきたい。

もしかしたら人は、そのために生きているのかもしれない。

ラン、今日は何する？

← 벽면부착
전신거울
←壁面付着ミラー
안녕♪
안녕♪
アンニョン♪
アンニョン♪
감사합니다
カムサハムニダ

〈初出〉
トロフィーをオークションにかけた日
「早稲田文学」増刊女性号（早稲田文学会）
私とあなたの話／コロナ時代の金融アーティスト
「She is」（CINRA）
コロスウイルス
「文藝」2020年夏季号（河出書房新社）

■本書は、韓国で出版された『좋아서하는일에도돈은필요합니다』（2020年、創批）と各誌での記事を加筆修正後、書き下ろしとともに翻訳し、まとめたものです。

■本書では、「彼女」という三人称を用いず、性別を問わず「彼」という言葉を使っています。性差表現を取り払いたいという著者の意図を伝えるため、原文表記「그」をそのまま訳出しました。
訳者・リトルモア

〈著者〉

イ・ラン（이랑 李瀧 Lang Lee）

1986年韓国ソウル生まれ。ミュージシャン、エッセイスト、作家、イラストレーター、映像作家。16歳で高校中退、家出、独立後、イラストレーター、漫画家として仕事を始める。その後、韓国芸術総合学校で映画の演出を専攻。日記代わりに録りためた自作曲が話題となり、歌手デビュー。セカンドアルバム『神様ごっこ』で、2017年に韓国大衆音楽賞最優秀フォーク楽曲賞を受賞。他の音楽アルバムに『ヨンヨンスン』『オオカミが現れた』（国内盤はスウィート・ドリームス・プレスより）。著書に『悲しくてかっこいい人』（呉永雅訳、小社)、『私が30代になった』（中村友紀／廣川毅訳、タバブックス)、『アヒル命名会議』（斎藤真理子訳、河出書房新社）など。

〈訳者〉

オ・ヨンア（呉永雅）

翻訳家。在日コリアン三世。慶應義塾大学卒業。梨花女子大学校通訳翻訳大学院博士課程修了。同大学院講師、韓国文学翻訳院翻訳アカデミー教授。第7回韓国文学翻訳新人賞受賞。訳書にキム・ヨンス『世界の果て、彼女』(クオン)、ハ・テワン『すべての瞬間が君だった』（マガジンハウス）、パク・サンヨン『大都会の愛し方』チョ・ヘジン『かけがえのない心』（亜紀書房）、ファン・ジョンウン『続けてみます』(晶文社)、イム・ジーナ『モノから学びます』(KADOKAWA)、ク・ジョンイン『秘密を語る時間』（柏書房）など。

話し足りなかった日

2021年10月10日　初版第1刷発行

著者　イ・ラン
訳者　オ・ヨンア

装幀　名久井直子
装画　廣川毅
歌詞の邦訳　清水博之
P59～60「ヨンヨンスン」
P113～114「よく知らないくせに」
編集　當眞文

発行者　孫家邦
発行所　株式会社リトルモア
〒151-0051 東京都渋谷区千駄ヶ谷3-56-6
TEL 03-3401-1042　FAX 03-3401-1052
info@littlemore.co.jp　http://www.littlemore.co.jp

印刷・製本　中央精版印刷株式会社

ISBN 978-4-89815-546-2 C0098